出版中止

一度「死んだ」から書けた翻訳家残酷物語

PUBLICATION CANCELED!

宮崎伸治

Miyazaki Shinji

JN224519

小学館

はじめに

―出版に携わる人（作家・翻訳家・デザイナー・装丁家・写真家・漫画家・校正者・出版社社員など）とその志望者およびフリーランサーのすべてに捧ぐ―

両親とも中卒で読書の習慣がなく、家に本棚すらない、という家庭環境に育った私は、高校を卒業するまで、受験参考書以外の本を読んだことなど無いに等しかった。そんな私でも大学に入ると、まわりの友だちに触発されて本を読むようになり、やがて活字のすばらしさに目覚めた。活字によって、世界がグンと広がる感覚がもてたのだ。

自然と「作家」という職業に憧れを抱くようになった。ただ、「作家」になることは夢の夢のそのまた夢の話。そんな夢は口に出すことすら憚《はばか》られた。せせら笑われるのがオチだからである。しかし、得意な英語力を活かせば「翻訳家」だったらなれるかも……？　という夢が芽生え、翻訳の通信教育を受講し始めた。21歳のときのことである。

就活時の私は、「自分の名前で翻訳書など出せるわけがない」と勝手に思い込んでいたため、ビジネス文書の翻訳で自分の英語力が活かせれば……という思いで翻訳会社を3社受けた。しかし、3社とも不採用。そこで、残業が少ないと噂の大学事務職員になり、*〝いずれは翻訳会社に転職してやる〟という夢をひたかくしにしながら、4年間、続けた。自由時間をフル活用し、翻訳の実力を磨くためである。

その甲斐《かい》あって27歳のとき、転職に成功した。産業翻訳スタッフを募集していた某一流企業に中途採用されたのだ。

喜び勇んで出社した初日、私以外の翻訳部のスタッフが、みなピカピカの学歴の持ち主であることを知り、驚愕した。ハーバード大、東大、京大、早稲田、慶應、上智……。まるで〝学歴ロイヤルストレートフラッシュ〟*かと思った。キャリアアップできた喜びと同時に（**私なんかがこんな凄《すご》い人たちと一緒にやっていけるだろうか**）という不安がよぎった。ところが、そんな超高学歴軍団の真の姿が徐々に露呈していくのに、時間はかからなかった。

＊私が勤務していた大学は、終業時間が午後４時45分であったため、終業後に週３で英会話学校に通い、それから自宅に戻って２時間ていど翻訳の勉強をしていた。かくして**大学事務職員**時代に片っ端から英語の資格を取得した。

＊「**ロイヤルストレートフラッシュ**」とは「10」「J」「Q」「K」「A」の札がそろったポーカー最強の組み合わせのこと。ポーカーをやった人なら誰もが知っているとおり、出現する可能性はまずあり得ない。ハーバード大、東大、京大、早稲田、慶應、上智……という組み合わせは、それに匹敵するくらい凄いことだと畏怖しまくったのは自然なことだったのである。

まず入社1ヶ月目に、早稲田大卒の女性がハーバード大卒の男性と大げんかし、翌日から無断欠席を繰り返して退社。その数ヶ月後には、ハーバード大卒の男性が大型契約を潰す奇行に出て、〝自宅待機命令〟をくだされ実質リストラ。その数ヶ月後には、立教大卒の男性がギャンブルで多額の借金を抱えたことを苦にして自殺をはかり（未遂となったが）、退職。その数ヶ月後には、上智大卒の女性が社内不倫発覚により〝契約期間の延長なし〟扱いとなり、実質リストラ。その数ヶ月後には、遅刻常習犯の京大大学院出身の女性が社長から注意されたときに逆切れして社長を「バカ」と罵《ののし》ったため、〝自宅待機命令〟をくだされ実質リストラ。その数ヶ月後には、在日5年にもなるのに、まったく日本語を覚えようとしないオーストラリア人校正者が〝契約期間の延長なし〟扱いとなり実質リストラ。

　このように、翻訳部ではつねにゴタゴタが続いており、そのたびに途中で仕事を投げ出した人の尻拭いをさせられていたのが私だった。自然と、社長の私に対する依存度も高まり、私ひとりだけが残業を命じられ、「早朝6時出勤し深夜12時まで働いてはカプセルホテル宿泊」という、過酷すぎる勤務を余儀なくされた。月150時間程度の超過勤務が当たり前になり、やがては毎月、売り上げの50%以上を私ひとりが稼ぎ出すようになっていった。

当時の私はよくこう思っていたものだ。

(もし私が、このような人たちに足を引っ張られずにひとりだけで自分の実力をいかんなく発揮できる場があれば、私はもっと〝できる〟はずだ。この会社に居続けたら、他人の分まで稼ぐことを期待され続け、やがて激務で体も心も壊すだろう。早めにフリーランス翻訳者になったほうがよさそうだ。でもそのためには、一生さび付かない語学力を身につけなければ……)

その思いが強くなった頃、留学する夢が芽生えた。そして神風が吹いた。円高が進み、激安で留学できる状況になったのだ。私はその年の秋に留学する決心をし、数ヶ月後には、イギリスの大学院の入学許可証を手に入れた。

まわりの人から〝辞めるのはもったいない〟といわれる一流会社を自ら退職し、自分で貯めたお金で留学するのだから、何が何でも英語の達人にならなければならない。そう勇んでいた私は、イギリスに渡るやいなや、ガムシャラに原書の読書に明け暮れた。自己啓発書を中心に、朝から晩まで図書館に籠もり、読んで読んで読みまくった。その数２００冊。そんな読書生活のおかげで「夢は実現する」という確信を抱いた私は、「作家」になることを真剣に考え始めた。

留学を終えて帰国すると、夢の実現のためにガムシャラに自分と企画を売り込んで売り込んで売り込んで……を繰り返した。そんな折、ひょんなことから翻訳書を出す機会に恵まれ、それを皮切りに、次々と翻訳出版の依頼が舞い込むようになり、自他共に認める「出版翻訳家」になったのだった。

（会社員として翻訳をしていた頃とはもう違う。他人に振り回されることがなくなった分、思う存分、自分の実力を発揮してやるぞ！）

そんな思いをたぎらせて入り込んだ出版業界だったが、そこは産業翻訳時代とはまったく異質の世界――あうんの呼吸だけで仕事がスタートする危険がいっぱいの世界――だった。業界のことを何も知らなかった私は、魑魅魍《ちみもう》魎《りょう》が跋扈《ばっこ》する世界にたったひとりで入り込み、その中で何度となく、地獄に陥った。

条件を訊《き》いても曖昧な答えしか返ってこない「曖昧模糊《あいまいもこ》地獄」もあれば、

都合の悪いことを黙ったまま仕事を依頼される「え〜、そんな重要なこと最初から教えておいてよ地獄」、てっきり仕事として依頼されていると思って編集者と二人三脚で進めていたのに、原稿完成後にネチネチ難癖をつけられ出版できないと言われる「え〜、今更そんなこと言わないでよ地獄」。はたまた「裁判所での合意内容破られ地獄」「弁護士から高額報酬請求され地獄」「いつまで経《た》っても打ち合わせを延期され地獄」「印税支払い日を勝手に遅らされ地獄」などもあった。

そんな、様々な地獄の中で、私は生き延びるために自分ひとりで活路を見いださざるを得なかった。印税支払い日を遅らされたときは、独自に生み出した〝催促の言葉を使わないで催促するテクニック〟で応戦したし、法学部に学士入学して法的知識を身につけ、本人訴訟*をしたこともあった。

いや、もちろん地獄ばかりだったわけではない。いいこともたくさんあった。何度も重版がかかって印税がガバガバ入ったり*、インタビューを受けて新聞や雑誌に出させてもらったり、講演を依頼されたり、ファンレターをもらったり……。いやいや、それだけではない。私は出版中止にされたことが

＊弁護士を付けずに、最初から最後までひとりで訴訟をすること。

＊拙訳書『7つの習慣　最優先事項』はその1冊だけで、東京駅付近の2LDK一括購入に相当する額の**印税**をもたらしてくれた。

7回あるが、7回ともキッチリ賠償金を払ってもらったし（というより「払わせた」場合のほうが多かったが）、そのうえで、他の出版社で出版してもらって印税を貰《もら》ったのだから「一粒で二度おいしい」、いや、「一冊で二度おいしい天国」も味わったことがある。しかも7回も。

それにしても……どうして出版業界には、こんなたくさんの、地獄があるのか。私が思うに、その原因のひとつは、明確なコミュニケーションを取る努力を怠ることだと思えてならないのである。例えば、都合の悪いことを隠して仕事を依頼する、〝仕事の依頼〟なのか〝トライアル〟なのかを曖昧にしたまま執筆させ続ける、条件が変わってもそれを伝えないまま放置する、できそうにないことをうっかり約束し、できないことが判明しても、そのまま伝えそびれる、きちんと文書化しておけばいいものをそれを怠ったがゆえにお互いの記憶が曖昧になる……。そういったコミュニケーションの取り方のまずさが積み重なったときに、大きなトラブルに発展するのである。

本書では、私が味わった数々の地獄と、それに対して私がどう対峙してきたかについて赤裸々にお話ししようと思う。私の体験は、主に出版翻訳家としてのものだが、「ひとりのフリーランサーVS出版社」という対立構造は、作家やデザイナー、装丁家、写真家、漫画家、校正者、出版社社員など、出版業界に携わる人はもちろん、フリーランサーのすべてに共通するため、そのような仕事に従事している人たち（およびその志望者）に参考にしていただけると思う。

私も聖人君子ではない以上、私の対応のしかたがすべて正しかったというつもりはない。読者の中には（**こういうときはこうしたほうが良かったんじゃないの**）という感想を持たれる方もいらっしゃるであろう。どういう感想をお持ちになるかはあなたしだいである。私としては、自分の体験が何らかの参考になれば、それだけで嬉しく思う。

さあ、それでは私が出版業界で経験した様々な地獄を、ご覧いただこう。本書は、企業内で3年ほど翻訳の仕事に携わった後、2年間の留学を終えて帰国したところから始まる。じつは、もうその頃には地獄の入り口に立たされていたのだが、その後どのような阿鼻叫喚《あびきょうかん》地獄が待っていたか、とくとご堪能あれ！

宮崎伸治

目次

はじめに 2

第1章
ほとんどの編集者は売れるか売れないかしか眼中にない（ように思える）

第1話 「暇があったら翻訳お願いできませんか」って言われても…… 16
第2話 どうやって出版翻訳家としてデビューを果たせたのか？ 22
第3話 売り込んで売り込んで売り込んで…… 27
第4話 「売れてるのか？」って何度も同じこと訊かないでよ！ 33
第5話 未払い印税回収劇❶ 私だって生活に困ってます 39

第2章

印税未払いには「催促の言葉なくして催促する」テクニックで対処

第6話 未払い印税回収劇❷ ちょっと可哀そうなことしちゃったかな 46
第7話 印税率を訊くのも一苦労 54
第8話 全部訳した後でそう言われても…… 60
第9話 リーディング料、出ないいんじゃなかったの!? 67
第10話 何冊リーディングをタダでやらせるつもりなんだよ! 74
第11話 未払い印税回収劇❸ マル秘催促法 80

第3章

出版中止をめぐる責任と補償、そして『7つの習慣』の第2弾

第12話 出版が遅らされ、支払いも遅らされ……　88

第13話 初めて「初版から印税が支払われる自分が書いた本」の企画が通った　94

第14話 編集作業に入る前の段階で出版中止を告げられた　100

第15話 編集長が社長を説得してくれた　106

第4章

タイトル変更からの修正ムチャぶり、からの印税バトルと出版中止

第16話 渡辺副編集長との出会い、そして2度にわたる執筆依頼　114

第17話 原稿完成後に「きな臭《くさ》さ満開メール」が届いた 120
第18話 ネチネチ難癖攻撃に対し、タイトル案を50出して反撃 126
第19話 タイトル案を追加で50出して波状攻撃 132
第20話 驚くことに編集長からゴーサインが出たのだが…… 137

第5章 私の名前が表紙に載ってない！

第21話 翻訳書が出したいんじゃなかったんかい 146
第22話 訳書のタイトル、誰が決めると思いますか 152
第23話 表紙、本当に直してくれたんかい 158
第24話 裁判所で決めた和解条項まで破るのかよ！ 164
第25話 これが社長の本性か 169

第6章

出演NGの理由は「宮崎さんと一緒に出演するのはいたたまれない」

第26話　30分以内に弁護士をぎゃふんと言わせてやった　178

第27話　そんなに売れている本の真似《まね》がしたいわけ？　184

第28話　すぐにできるはずの打ち合わせを何ヶ月延期するんだよ！　190

第29話　テレビ出演で知った〝どす黒い闇〟　197

第30話　わっはっはっはっ、これでいいのだ　202

あとがき　206

＊本書の本文ページに登場する出版社名、および登場する人物名は、著者を除き、すべて仮名です。

＊本書の原稿の一部は、某協会における会員限定のコラムとして連載していたものを二次利用したものです。連載中、通訳者の蛇川《じゃがわ》真紀さんには、原稿をアップするたびにあたたかい励ましのコメントをいただき、私の書くモチベーションも上がっていました。この場を借りて感謝の意を表します。

第 1 章

ほとんどの編集者は売れるか売れないかしか眼中にない（ように思える）

第1話

「暇があったら翻訳お願いできませんか」って言われても……

「はじめに」で触れたように、私は某一流企業を辞めてからイギリスの大学院に留学したのだが、2年間の大学院生活を終えて帰国する際、〝ちょっとした有名人〟気分に浸っていた。今から思えば、まったくの錯覚なのだが、当時の私が錯覚するのも無理はなかった。というのも、シェフィールド大学のエッセーコンテストに4期連続で入賞したり、在英邦人向けの日本語新聞2紙からコラム連載を依頼されたり、*留学体験記を出版すると*イギリスの新聞にバカでかい顔写真付きで紹介されたり、その流れでBBCラジオに出演できたり……と次々と〝奇跡〟が起き、びっくりするくらい「宮崎伸治」という私の名前を知っている在英邦人があちこちに出現するようになったからである。多くの在英邦人が私の名前を知ってくれたのは、かなり高いパーセンテージの人が、私が連載していた新聞を読んでいたからだと思う。

そういうわけで、帰国直後の私は「日本でも有名作家になれる」と思い込

＊この頃、「将来は作家になる」という夢が芽生えた。

＊『これが本場の英語だ』（近代文藝社）。イギリス留学中に出版した。

んでいた。もちろん、それはもうまったくの夢物語なのだが、錯覚がどうしても抜けない私は生活費を稼ぐために英会話講師を週6日(しかも1日のティーチング時間は8時間!)やりながらも、それ以外の自由時間には、原稿を書きまくり、投稿しまくり、応募しまくり、売り込みまくり……という〝まったく暇無し〟の生活を送っていた。1分1秒でさえ、〝作家・翻訳家になるのに役立たないこと〟をするのが惜しかった。

ところがそんな大忙しの私に対し、「暇があるんだったら翻訳お願いできる?」みたいな感じで、報酬の話を一切せずに翻訳を依頼する人が絶えなかった。中には「読みたい英語の本があるんだけど、私英語読めないから」という理由で1冊まるまるタダで訳してくれと依頼してきた人もいた(もちろん断ったが)。

大学院時代のクラスメートAさんも私に翻訳を依頼したひとりだ。Aさんは帰国してからは大学講師をするようになっていたが、「英語」という共通の話題があったこともあり、彼女とはメールでやりとりする仲になっていた。

彼女は自宅にパソコンを持っていなかったため、勤務先の大学のパソコンから私にメールを送ってくれていた。彼女はその大学には週1勤務だったので、私たちは自然と週1でメールを交換するようになっていた。そんな〝週1メル友関係〟が2ヶ月くらい続いたある日、突然、彼女が初めて電話をかけてきた。

「宮崎さん、暇があったら翻訳お願いできませんか。私、授業の準備で大忙しなんで、翻訳している暇がないんですよ」

「どれくらいの量ですか」

「15ページです。じつは先日、私が勤務している大学のある教授から下訳を依頼されたんですが、ついつい引き受けちゃったんですね。でも、忙しくて手つかず状態なんですよ」

翻訳は作業時間をじっくり吟味してから引き受けないと、締め切りに間に合わなくなることが多々ある。私は産業翻訳家時代、同僚が途中で投げ出した仕事を何度となく引き受けたことがあるから、その辺のことは熟知している。Aさんはその辺のことをよく吟味せずに引き受けてしまったのだろう。

「で、Aさん、その教授からお金は貰えるんですか」

「いや、それは分からないです。たぶんくれるんじゃないんですか」

「え？　それ、確かめずに引き受けたの？」

「なんか引き受けなければならないような感じだったんで……」

「それで自分ができなくなったから私にやってほしいと？」

「お願いできませんかね。じつは、さっきその教授から電話がかかってきたんですよ、『まだできないのか、早くしてくれ*』って」

それまで一度たりとて電話をかけてきたことがなかった彼女がその日に限って電話をかけてきた理由が分かった気がした。教授から催促の電話がかかってきたものだから、焦りまくって私に助けを求めてきたのだろう。

それから彼女は嘆くようにこう言った。

「も〜、私だって授業の準備で忙しいのに〜。えらい迷惑ですよね？」

「えらい迷惑ですよね？」と私に同意を求められても、彼女とその教授がどのような会話を交わしてそういう状態になったのか分からないので、同意してあげたくてもやすやすとはできない。ただ、パワハラ的な頼まれ方をしたのなら、私にも何かできることがあるかもしれない。そこで私はこう尋ねた。

＊今だったら、これはパワハラになるのではないかな。そのときまで私は大学講師になった彼女をうらやましいと思っていたが、こんなパワハラまがいのことをされるのなら、やっぱりならなくて（というより、なれなくて）良かったかなと思ったくらいだった。

「それって教授から強制的に翻訳を依頼されたの？　もしそうなら一種のパワハラじゃないかな。なんだったら私が直接その教授に電話してAさんに翻訳を強要しないようにって話してあげてもいいよ。どうする？」

「いえ、いいです」

「でも私も忙しいから、15ページ訳すのはちょっと難しいですね」

私がこう言うと、彼女は初めて報酬について言及した。

「お支払いはしますから」

「でもAさん、その教授から貰えるか貰えないかもハッキリ分からないんですよね。仮に貰えるとしても、いくら貰えるかも分からないんですよね。それなのにそんな約束、私として大丈夫ですか」

「大丈夫です、世間相場でお支払いします」

「ならこうしませんか。Aさんが世間相場で払ってもいいっていう気持ちがあるのなら、翻訳会社に頼んでみたらどうですか。翻訳会社もそれが仕事なんですから、喜んで引き受けてくれると思いますよ」

「それっていくらかかるんですか」

「それは見積もりを出してもらわないと私にも分かりませんよ。でもAさん、お金を払う気持ちはあるんですよね」

「え〜、そんなことで私がお金を払うのってバカバカしいじゃないですか！」

（にゃに〜、バカバカしい？　だってさっき私に対して『世間相場でお支払いします』って言ったばかりじゃないか。もしかして私が15ページの翻訳をタダか、あるいは激安価格でやってくれることを期待していたってことなの？）

「でも、世間相場で払う意思があるとしたら、私が翻訳しようが翻訳会社が翻訳しようが同じだと思うんですが……。翻訳会社が翻訳したんじゃダメなんですか」

「じゃあ、いいです！　私がやります。授業の準備で忙しいけど、なんとかします」

かなりイラついているように聞こえた。

その翌週、いつもどおり彼女にメールを送ったが返事はなく、さらに数ヶ月後、私の新刊が出たのでそれを彼女に送ったが、何の反応もなかった。かくして彼女とは音信不通の仲になってしまったわけだが、う～ん、これはこれでしかたないのだ。いやいや、よくよく考えてみれば、しかたないというより、これでいいのだ。*

第2話 どうやって出版翻訳家としてデビューを果たせたのか？

第1話で、留学から帰ってから「生活費を稼ぐために英会話講師を週6日」やっていたと述べた。しかし現実的な話、そんな多忙な生活をしていれば、出版翻訳家デビューは難しいだろう。なぜなら翻訳作業に莫大な時間と労力がかかるだけでなく、翻訳する原書を見つけたり、出版社に売り込んだり（これだけでももの凄く大変だ。なぜなら本を出したことがない人が売り込んでもほぼ100％無視されるのがオチなので、出版してくれる出版社が現れるまで何十社も売り込まなければならなくなる可能性が高いからである）、トライアル*を課せられたり……と、デビューするまでにしなければならないことは山のように

＊「依頼する→相手がやりたいと言ったらやってもらうが、できないと言ったら素直にひきさがり、従来どおりの付き合いを続ける」というのが成熟した依存。「依頼する→相手ができないと言ったらイラついて関係を切る」というのは未成熟な依存。依存すること自体は必ずしも悪いこととは言えないが、未成熟な依存のしかたをすると相手に心理的負担をかけることになりかねない。

＊**トライアル**とは、翻訳の実力を見るために数ページの翻訳を求められること。私も2回、課せられたことがある。

あるからだ。しかもデビューできる保証などないのに、莫大な時間と労力がかかるわけだから、生活費を稼ぐのに四苦八苦している人にとって、デビューは夢の夢のそのまた夢の話である。

では、超多忙な私はどのようにして出版翻訳家デビューを果たせたのか。読者の中には私が裏技でも使ったのかと思う人がいるかもしれないが、じつはなんのことはない、帰国後の最初の半年間は職が見つからなかったために十分すぎる〝暇〟（良く言えば、デビューまでの準備期間）があったため、留学中に読んで感銘を受けた原書『Meditations for Writers』を訳して、手当たりしだいに売り込んでいたのだ。そしてそれが奏功して、その訳書を出版してくれる出版社が現れた、というわけだった。

帰国した当初の私は（**イギリスの一流の大学院を出ているわけだし、資格もたくさん持っているのだから、すぐに仕事が見つかるはずだ**）とタカをくくっていた。ところがどっこい、どの会社に行っても驚くほど厳しい反応だった。

「ほほぅ、大学院まで出られた方がウチに面接に来られるとはねぇ。もっといいところ、探されたほうがいいんじゃないですかねぇ。ウチはそれほど給料も高くないですよ」*

「あなたみたいなリッパな方に来られても、ウチではやってもらう仕事はないですな」

「たくさん資格を持っておられますが、何かの役に立ちましたか？」

「能書きが多いなぁ。あなたのような人を能書き人間って言うんだよ。あなたに実力がないことなど顔を見ただけで分かるよ」などなど。

イギリスの大学院を出ていることや、資格をたくさん保持していることは、むしろ逆効果であるかのような感じさえ受けた。それでも、最初の頃は自分で自分を励ましていた。

（私の能力が見抜けないような会社に入っても苦労するだけだから、そんな会社にはむしろ落としてもらったほうがいい。見る目を持っている人だったら私を評価するはずだから、そういう人がいる会社に入ったほうが私にとってもいいのだ）

私がそう自負するのにも理由があった。留学前に働いていた〝一流企業〟

＊何も質問もしないで開口一番でそう言って面接で落とすくらいなら、書類審査の段階で落としてくれても良かったのだが…………。時間も労力も交通費も無駄になったが、こればかりはいたしかたない。

では、5人の翻訳メンバーの中で生き残った(リストラされなかった)のは私ひとりだけだったし、イギリスの大学院で2年間勉学に励んで修士号を取得したからである。*

ところが、そんな自信家の私でも「不採用」が続くたびに不安が募っていった。再就職用の準備金は50万程度あったものの、都内にマンションを借り、生活必需品を一から揃えると瞬く間に貯金は底をつき、人生初の借金生活に突入した。やがて、借金の額が10万になり20万になり30万になり40万になり50万近くまで膨らんだ。利子だけでも毎月数千円かかるようになると、考えることのすべてが金、金、金……になった。そんな金欠状態だというのに、次から次へと「不採用通知」「電気料金の請求書」「電話料金の請求書」……と〝来てほしくない郵便物〟ばかりが届いた。家賃や光熱費だけでも月7万かかるのに、借金自体にも日に日に利子が付く。しかも、就職活動をしても「めぼしい会社を探し↓履歴書を送付し↓連絡が来るのを待ち↓面接に行き↓採用されるのを待ち↓就職が決まり↓最初の給料が振り込まれる」という気の遠くなるほどの行程を経なければお金にありつけない。蟻《あり》地獄の底

＊ 大学院時代のクラスメートに日本のトップレベルの大学を出た日本人留学生が4名いたが、**修士号を取得**したのはその4名のうちの1名と私だけであった。日本の大学の延長みたいな感じでイギリスの大学院に留学しても、試験も論文もすべて英語で書かなければならないのだから、修士号は簡単に取れるわけではない。

にじりじりと沈んでいく恐怖を感じるのは当然だった。

そんな恐怖に満ちた日々を送っていた私が、就職活動以外にやっていた（というより、やらざるを得なかった）のが出版社への売り込みだった。書いて書いて書きまくり訳して訳して訳しまくり、電話し、ファックスし、郵送し、アポイント無しで編集部に突撃し……ということを繰り返した。そんなときに訳していたのが先述した『Meditations for Writers』だった。

今から思えば、帰国後半年間も就職が決まらず、一刻も早く借金地獄から脱出しようともがいたからこそ訳し続けられたのだと分かる。もし、帰国後すぐに就職が決まっていたら、訳し続けることはできなかったに違いない。大学院時代の友人に作家になる夢を語っていた人がいたが、帰国後すぐに大学の講師になったかと思うと「忙しすぎて書いている暇などない」と愚痴りだして作家になる夢を投げ出した。まあそれはそうなるだろう。デビューできる保証などない作家にこだわるより、大学教授を目指すほうが、よほど堅実だからだ。

「無職」とか「借金」といえばネガティブなイメージがつきまとうものだ

が、私が出版翻訳家デビューできたのは、ガムシャラに売り込まざるを得なかった「無職&借金時代」があったからこそである。まさに焦燥感と悔しさ*に満ちた「無職&借金時代」こそが、私を出版翻訳家に導いてくれたのだった。

第3話 売り込んで売り込んで売り込んで……

読者の方の中には、「いつか私も本を出してみたい。訳書でも語学参考書でもエッセーでも私小説でもいい。とにかく自分の名前で本を出してみたい。だけど、それって生まれ持った特別な才能がある人しかできないことじゃないかな」と思い込んでいる方がおられるのではないかと思う。

しかし、本を出すのに生まれ持った特別な才能など要らない。その実例が私だ(笑)。30歳まで「私の本を出してくれる出版社など絶対に見つかるわけはない」と確信していたくらいなのに、そんな私がいまでは約60冊の著訳

*「**あなたみたいなリッパな方に来られても、ウチではやってもらう仕事はないですな**」と言われたときの悔しさは「それなら本当にリッパになって見返してやるからな!」という反骨心となって私を奮い立たせた。他人に何を言われようが、それで腐るか、それを自分の成長に活かすかは本人しだいなのだ。

書を出しているのだから、努力すれば誰でも本は出せると思う。特に翻訳書はそう言える。というのも、著書にはアイデアが必要だが、翻訳書は翻訳のスキルさえあればなんとかなる（場合が多い）からである。

しかし、デビューしたからといって、1冊目や2冊目がベストセラーになって……というのは夢の夢のそのまた夢であり、私の場合も最初の十数冊は、順風満帆だったわけではない。

そういうわけで私は執筆や翻訳の仕事に取り組んでいる真っ最中であっても、絶え間なくほうぼうの出版社に売り込みをかけていた。

売り込みをかけるために、私はありとあらゆる手を使った。いきなり出版社に原稿を送るくらいのことは序の口で、それが梨のつぶてにされれば、営業の電話をかけたり、はたまたアポイント無しでいきなり編集部に突撃したりしていた。

ただ、いくら私が破天荒だといっても、他人が嫌がることはしたくないし、他人が嫌がるそぶりを見せればいい気はしない。だから、営業の電話をかけて、あからさまに迷惑そうな声を出されたり、アポイント無しで編集部に突撃して「今、忙しいので……」とつっけんどんに追い返されたりした場合は、そこでその出版社にアプローチするのを控えていた。

しかしそんな中、A出版だけには執拗に売り込みをかけた。なぜかといえば、A出版から出版された〝作家になるための指南書〟に「原稿を何度も持ち込んで熱意を買ってもらえ」という趣旨のことが書かれていたからである。そういう指南書を出しているということは、A出版自身が「原稿を何度も持ち込んでも受け入れる出版社」であるはずだと解釈したのだ。わっはっはっはっ、そういう手があったのだ。

A出版の所在地を調べてみると、私の自宅からドアツードアで20分くらいのところにあることが分かった。＊これは突撃するしかない。そう思った私は早速、その翌日から〝破天荒な売り込み大作戦〟を開始した。著訳書用の企画書とサンプル原稿を合わせて7～8本持っていたので、それを1回に1本、持参することにしたのだ。

A出版に到着し、ベルを鳴らすと、中年男性が出てきた。私は原稿を差し出しながら、こう売り込んだ。

＊作家の谷崎光さんは、まだ１冊も著書を出されていないときに、大阪から原稿を持参して東京の文藝春秋まで売り込みに行かれたそうだ。私もいろいろな人から「行動力があるね～」などと感心されることがあるが、東京在住の私が都内の出版社に売り込むのは比較的簡単だ。しかしはるばる大阪から東京まで売り込みに行く行動力は脱帽ものである。私が大阪に住んでいたら、本を出そうなんて発想は生まれなかったかもしれない。

「初めまして。私、宮崎と申しますが、原稿をお持ちしたので、よろしければお読みいただけないでしょうか」

「はい、じゃあ、預かります。何かあればこちらから連絡します」

時間にして約20秒。ただ、原稿はしっかりと渡した。よしよしこれでいいのだ。

その3～4日後にまたA出版を訪ね、同じ要領で原稿を渡した。私はそれを何度も繰り返した。3回、4回、5回、6回、7回……。

円広志《まどかひろし》の「夢想花」（YouTubeでも見ることができるぞ！）の歌詞の中に「とんで、とんで、とんで、とんで、とんで、とんで……」という箇所があるが、私はそれに負けないくらいの勢いで「売り込んで、売り込んで、売り込んで、売り込んで……」をやった。

8回目に原稿を持参したとき、例の中年男性がめんどくさそうにこう宣《のたま》った。

「あなた、いったい何回来るんだよ。皆勤賞だな、こりゃ～。そんなに何日かおきに来なくても、1回にまとめて出してくれればいいのに。波状攻撃か

JASRAC 出 2500807-501

よ」

そこで私はすかさず例の本のことに言及した。

「じつは私、御社から出されているある本を読ませていただきまして、それをそのまま実践しているのです」

「ああ、あの本のことね。そうだったの。あの本、読んでくれていたの。あれ、ウチの社長がペンネーム使って出したんだよ。そうかそうか。分かったよ、じゃ、今まで預かっていた原稿、これから読ませてもらうよ(**にゃに〜、まだ読んでなかったんかい!**)。あなたのこと社長にも言っておくよ。ところで、あなた著書も翻訳書もできるんだよね。じゃあ、検討しておくよ。近いうちに連絡するから」

その日を境に、私はA出版に売り込むのは控えた。さすがにこれ以上行くと迷惑になると思ったからだ。私の熱意が伝わった以上、あとは任せるしかない。私が必要ならお声がかかるだろうし、必要でなければお声がかからない。お声がかからなかったらA出版は諦めるしかない。それくらいの潔さは持っているつもりだ。

数週間が経っても連絡がなかったので、諦めムードに浸っていたところ、A出版から電話があった。相談したいことがあるのでご足労願いたいという。（まだ「相談」の段階なんだよなぁ～、決まったわけではないんだよなぁ～）と思いながら、指定された日時に行ってみると、くだんの中年男性、開口一番にこう訊いてきた。

「この翻訳書の企画、初版８０００部、印税４％*で考えています。それで良いですか」

「え？　それって正式決定ですか？」

「そうです。ただ、急いでいるんで、１ヶ月半で訳してもらえる？」

「分かりました」

４％とちょっと低めの印税ではあったが、薄い本だったので即快諾した。

かくして、売り込んで、売り込んで、売り込んで……という〝破天荒な売り込み大作戦〟が奏功したのだった。破天荒すぎると思う方もおられるかもしれないが、私は「こうすればあなたも本が出せる」と謳《うた》った本に書かれてあったことをそのまま実行しただけである。その本を出しているA出版が、

＊私が引き受けた翻訳の仕事の中では**４％**が最低の印税率である。担当編集者がこの条件を私に告げる際、「ウチはお金に関してはきちんとしているからね」と何度も〝きちんとしているアピール〟をしていたが、そりゃ～**４％**なのだから、きちんと払ってもらわないと……ねえ。

それを否定するわけにはいかなかったのだ。わっはっはっはっ、これでいいのだ。

第4話 「売れてるのか？」って何度も同じこと訊かないでよ！

第3話で、「誰でも本を出せる」という夢のある話をしたので、今回は本を出すことのネガティブな側面をお伝えしようと思う。ポジティブな側面とネガティブな側面の双方を勘案して、それでも本を出したいと思えるか、冷静にご判断いただければと思う。

単行本の執筆や翻訳に夢があるのは否定しない。ただ、「ベストセラーになって印税ガバガバ」というのは、狙ってできるようなものではないし、そもそもそんなことを狙って書いたり翻訳したりするのって、本末転倒ではないかと思う。

本来なら、著者だったら自分の主張をあますところなく書き切ること「そのもの」、訳者だったら翻訳のクオリティーを最大限高めること「そのもの」に全神経を集中すべきだと思うし、編集者はそれを可能ならしめる環境作りをすべきだと思うが、ほとんどの編集者は、売れるか売れないかしか眼中にない（ように思える）。だから、どんなに内容が優れた本であっても、どんなにクオリティーの高い翻訳をしても、売れなければ〝失敗作〟と見なされる。私はそれが嫌なのだ。

「そんな編集者ばかりじゃないよ」

そんな反論が聞こえてきそうである（実際そう反論してきた人もいる）。しかし、そういう人に逆に訊きたい。では、あなたはいったい何人の編集者を知っているのか、何人の編集者と実際に顔をつきあわせて打ち合わせをしたことがあるのか、何人の編集者と飲食をともにして本音で語り合ったことがあるのか、出版社から依頼されて編集者と二人三脚で最後の最後まで仕上げた作品を「売れそうにない」という理由で出版中止にされたことが何回あるのか、と。*

まあ、私だって神様ではないので、すべての編集者がどうだと言い切るこ

＊最後の最後まで仕上げた作品を「売れそうにない」という〝理由にならない理由〟で**出版中止**にされた経験が私には何度もある。そのうち１回は、出版中止にされた原稿を他の出版社に持ち込んで出版してもらったところ10回以上増刷がかかって、出版社も大喜びだった。出版中止にした出版社は地団駄を踏んで悔しがっただろう。勝手に出版中止にするからそういうことになるのだ。わっはっはっはっ、これでいいのだ。

とはできない。だからこそ、「ほとんどの編集者は売れるか売れないかしか眼中にないように思える」と「ほとんど」とか「ように思える」といった言葉を付けてマイルドに言っているのだ。「すべての編集者」だとは言っていないし、断定もしていない。

では、どうしてそう思うに至ったのか。

単行本の場合、発売約1~2週間前に見本書籍ができあがり、著訳者に10冊程度献本される。私は見本書籍が送られてくるや否や、自分用に1冊だけ残しておいて、それ以外の9冊はお付き合いのある編集者等に贈呈する。すると、こんな反応が返ってくる。

吉田氏の場合、すぐに電話をかけてくるのだが、第一声は必ず「どうですか、売れてますか?」だ。

(おいおい、まだ発売されていないのに〝売れる〟わけがないじゃないか。送っているのは見本書籍だって毎回説明しているのに、なんで同じこと訊いてくるんだよ。それに、発売されていたとしても私には何部売れているかなんて分からないし、仮にネットで調べられる情報が存在するにしても、私が

調べられる情報だったとしたら、あなただって調べられるわけだから、自分で調べたらいいじゃないか）

と思いながらも、

「それ見本なんですよ、まだ書店に並んでないです」

と、同じ説明を何度も繰り返さなければならないのである。

山田氏の場合は、見本書籍を送っても何の反応もないことが多いが、彼と一緒に仕事をすることになったときは、電話連絡をするたび、「あの本、売れているんですか？」と挨拶代わりに毎回訊いてくる。

（本の内容や翻訳のクオリティーについては一切言及しないのに、よくまあ毎回毎回「売れているんですか？」「売れているんですか？」って同じことを訊いてくる人だなあ。だけど私には何部売れているかなんて知りようがないよ。私は毎回そう説明しているし、あなただってそんなこと分かっているだろう。なのになんで私に同じことを訊いてくるんだよ）

と思いながらも、

「いや、私にはどれくらい売れているかは分かりませんよ。出版社に訊いてみたらどうでしょうか」

と、毎回同じことを説明しなければならないのである。

私は2人の例を挙げたが、ほとんどの編集者の反応は似たり寄ったりである。すなわち、本の内容や翻訳のクオリティーに言及してくることなど皆無に近く、「あの本、売れてるんですか」という質問を嫌というほどしてくるし、私が過去に出した本を手渡すと、すぐさま奥付（本の発行日などが載っている最終ページ）を開き、何刷になっているかをチェックする。*

一番落胆したのは、ある編集者と雑談していて私の（初版止まりだった）既刊訳書が話題に上ったとき、私が訳したことを忘れていたのか、彼が「あの本は失敗だったな」と言ったことだ（**にゃにが〝失敗〟だよ！**）。

私が仏頂面をしていると、彼は「あれっ、あの本訳したの宮崎さんだっけ、わり〜わり〜、ハハハハ」と謝罪したが、そんなこと一回口に出したらもう引っ込められないよ！

ただ私とて、彼らが売り上げにこだわるのを理解しないではない。学校を卒業して以来、出版社一筋で来た人にとっては、売り上げがすべてに見える

＊ **何刷かをチェックする**のは、その本が売れているかどうかを知るためだと思われる。何回も増刷がかかっていれば、それだけ売れていることが分かるというわけだ。私が編集者に本を手渡すと、ほぼ100％の編集者がすぐさま私の目の前でこれをやる。

のだろう。そんな彼らにいくら「たとえ売れなくても内容がいい本はいい本だ」といったところで、聞く耳を持ってもらえるとは思えない。

というわけで、単行本を出す場合、どんなに内容の良い本を執筆しようが、どんなにクオリティーの高い翻訳をしようが、売れなければ喜ばれることはない、と腹をくくる必要がある。

そういうのにウンザリしていた中、何度となく出版中止の憂き目に遭ったため、自分から売り込むのを控えていると、気がついたら10年以上も〝活字をお金に換える仕事〟にありつけなくなっていた。

そんな私が〝これが私の遺作*になるだろう〟と覚悟を決めて『出版翻訳家なんてなるんじゃなかった日記』を書きためていると、ひょんなことから出版化の流れになり、まったくありがたいことに、今ではコラムの連載やコラムの翻訳を数カ所で持たせていただくようになった。

コラム連載やコラム翻訳は私にとってはまさに天職である。なぜか。「売れたかどうか」を訊かれることが無いので、書き切ること「そのもの」、翻訳のクオリティーを最大限高めること「そのもの」に、全神経を集中させる

* **遺作**とは、未発表のまま死後に残された作品のこと。同書の原稿を書いているとき、「この本は出版社の批判ばかりしている本だから、出版されることはないだろうな」と思いながら書きつづっていた。

ことができるからであり、そこにやりがいを感じるからだ。*

「本が出せるんだったら、売れたかどうか訊かれるくらい別にいいじゃないか、そんなの当たり前のことじゃないか」と思われる読者の方もおられると思う。たしかに、それはそうかもしれない。しかし、本を出すことの〝おどろおどろしい〟側面は、他にも山のようにある。それについては、次回以降、お話ししたい。

第5話 未払い印税回収劇❶ 私だって生活に困ってます

留学から帰国して3年経っても、生活は苦しいままだった。最大約50万円まで膨らんだ借金を英会話講師などをやりながら完済したばかりで、いつ借金生活に逆戻りするかという、ギリギリ状態が続いていた。

そんなある日、B出版の編集者が、進行中だった翻訳出版の打ち合わせに拙宅まで来たので、一番気になっていたことを訊いた。

＊ 紙媒体でコラムを連載していたときはそう感じていたものの、デジタル媒体で連載を始めたら、こんどはアクセス数を気にする編集者がいた。ああ、人気稼業はけっして楽などできないのだ。

「ところで印税って、いつ支払われるのですか」

するとの彼女、ばつが悪そうにこう応えた。

「えっ、言ってませんでしたっけ？」*

「聞いていませんけど」

「そうでしたっけ？」

「ええ」

「申し訳ないんですが、ウチって遅いんですよ」

「で、いつなんですか」

「出版から7ヶ月後なんですよ」

「そうなんですか」

まだ〝新人〟の域を超えていなかった私は、そういうものなのかと思った。生活が苦しいので早く払ってもらいたかったが、それが決まりならしかたがない。

その後、訳書は出版された。しかし、印税支払い日は奥付の日から7ヶ月後だから、5月に書店に並んだとしても、奥付の日が6月であれば6月から

* この言葉を聞いた瞬間、「にゃにが**『言ってませんでしたっけ？』**だよ、言ったか言ってなかったかくらい分かってるだろう！　とぼけるなよ」と心の中で怒りのスイッチが入ったが、口には出さなかった。というのも本当に言ったか言っていなかったか覚えていない可能性もゼロではないからである。聖書にも「悪い言葉をいっさい、あなたがたの口から出してはいけない」（エフェソの信徒への手紙4：29）と記されているとおり、悪い言葉は吐かないほうが身のためだ。

の起算となる。待たされる身としては、その１ヶ月がじつに長い。

出版から６ヶ月経ったある日、衝撃が起きた。Ｂ出版から届いた封書を読んでみると、印税支払い日を２ヶ月延期させてほしいという。

（そそそんなバカな！）

私はすぐさま電話で抗議したかったが、開封したのが土曜だったので、電話をかけるにも次の月曜日まで待たなければならなかった。やりきれなくなった私はボールペンを思いっきりかじった。その瞬間、バキッという音がしたように感じた。一瞬、何が起きたのかと思った。気がつくと、歯が折れていた。まさか、たったこれだけのことで歯が折れるなんて、そんなことはないよなぁとは思ったが、確かめてみるとやはり折れていた。歯が折れたというのに痛みがまったくなかったのは、神経を取り除いて造った銀歯が折れたからだった。

（あ～、これで歯医者に行って金歯に替えてもらったら10万円かかるな。そんな金あるわけないよ。でもまた銀歯にしたら、また数年後にはこうなるんだよな）

そう思うと、お先が真っ暗に思えた。来月やっと初版印税が入ってくると思っていたのに、その見込みが危うくなったからだ。ガタガタガタガタと音だけはウルサイのに一向に暖かくならないエアコンが、やけに腹立たしく思えてきた。

（なななんでこんな惨《みじ》めな思いをしなければならないんだよ。よし、決めた。月曜日の朝イチで抗議の電話だ。7ヶ月後に払うと約束したのだから、7ヶ月後に払ってもらおう。出版社も大変かもしれないが、こっちだって大変なんだよ。ここで変に我慢していたら「翻訳家は待たせておけばいい」というふうことを〝学習〟させてしまうことになる。そんな〝学習〟させてたまるか）

待ちに待った月曜日、朝8時30分頃から時計をにらみ始め、9時00分ぴったりになったところで電話をかけた。

「私、宮崎伸治と申します。先日、印税の支払い日が2ヶ月遅れるという手紙を受け取ったんですが、御社には御社の都合があるのでしょうが、私には私の都合があるのです。ご理解いただけないでしょうか」

「宮崎さんですね、ああそうですか、やはり難しいですか」

「難しいです、今、お金に余裕がないので」

「分かりました。それでは約束どおり、来月末にお支払いします」

意外とあっさりと受け入れてもらえたのには驚いた。「ダメもとでみんなに頼んでみて、遅延を受け入れてもらえる人だけ受け入れてもらえればラッキーだ」くらいに思っていたのかなと疑いたくなった。まぁ、なにはともあれ、これで借金生活突入が防げる。

さて、支払い日になった。支払われているとすれば約30万円だ。ところが通帳記入してみると、振り込まれていたのは半額の約15万円であった。

（なななんで半額しか振り込まれてないんだよ！「約束どおり、来月末にお支払いします」って言っていたじゃないか）

大急ぎで自宅に戻り、すぐさま経理担当者Aに電話をかけた。

「今、通帳記入してみたら半額しか払われていませんでしたが」

「残りの半額ですが、もう1ヶ月、待っていただくことはできませんでしょうか」

「この前お話ししたとき、そんな話してなかったじゃないですか。この前も言いましたように、御社には御社の都合があるのでしょうが、私には私の都合があるんですよ＊」

「分かりました。では手続きをしますので、どんなに遅くとも1週間以内に振り込みます」

「じゃあ、そうしてください。遅くとも来週の今日までですね」

「はい」

私はその日からとりつかれたように、毎日5度も6度も7度も、銀行へ通帳記入をしに行った。2日目、3日目、4日目、5日目、6日目……。しかし全部〝空振り〟だった。6日間で30回も40回も〝空振り〟すれば、そりゃ～気持ちも萎《な》えてくる。残るは7日目だ。7日目は最終日だから入金してくれているはずだ。

ところが、7日目の朝イチで通帳記入してみると、振り込まれていたのは残金の半額の約8万だった。

（なななんでまた半額しか振り込まれてないんだよ！　私が編集者だった

＊私は至極当たり前のことを言っただけである。それを理解し行動するのが倫理というものだ。

ら、会社に払うお金がなければ8万円くらい自分で立て替えて払うよ)

念のため7日目の夕方6時にも通帳記入してみたが、案の定、2度目の振り込みはなかった。

(よし、こうなったらハガキ作戦だ。覚えていろ)

私は私製ハガキの表面に、ボールペンで出版社の住所、出版社名、経理担当者様と書き(Aの名前を書かなかったのはAを名指しするのは可哀そうだと思ったからである)、裏面にはもの凄く強い筆圧でこう書いた。

「経理担当者様　残りの印税を本日までに支払うという約束でしたが、今日夕方に通帳記入をしたところ、半額しか振り込まれていないようでした。貴社におかれましては、今一度、送金された金額をお確かめいただければ幸いでございます。○月×日午後6時」

このハガキが「脅迫」でも「強要」でもないことは、誰にでも分かるだろう。ましてや「暴力」でも「暴言」でもない。これは単なる「確認」なのだ。B出版の〝言っていること〟と〝やっていること〟が違っているから「確認」させてもらうだけなのだ。

翌朝、私は始発電車に乗ってB出版に出向き、くだんの〝切手が貼られていない私製ハガキ〟*をB出版の郵便受けに入れて帰った。同日午前11時、通帳記入してみると残金全額が入金されていた。わっはっはっはっ、これでいいのだ。

第6話 未払い印税回収劇❷ ちょっと可哀そうなことしちゃったかな

C出版で初めて訳書出版することが決まったとき、編集者から「印税6%」と聞いて仕事を始めたのだが、見本書籍ができた日に「重版印税の6%は約束するから、初版印税だけ4%に負けてほしい」と相談を持ちかけられ、うかつにも私はそれを了承してしまった。その際、「印税支払い日は発売の2ヶ月後」と聞かされていたが、その後経理部から送られてきた明細を見てみるとビックリ。印税は発売後2ヶ月後から月に1回、全部で3回に分けて支払われることになっていたのだ。しかし、私は文句を言わなかった。

＊〝切手が貼られていない私製ハガキ〟が郵便受けに入っていたら、ある人は「切手が貼られてなくても親切で郵送してくれたのだ」と日本郵便に感謝するだろうし、ある人は「日本郵便の人、切手が貼られてないこと気づかなかったのかな」と思うだろう。しかし「印税を未払いのままにしている」という自覚のある人だったら「この人、ここまでこのハガキを持ってきたのか!?」と恐れおののくだろう。同じ現象でも、やましいことをやった人とやっていない人とでは捉え方が変わるのである。

それがC出版のルールならどうしようもないと思ったからだ。

その後、印税は予定どおり出版後2ヶ月後から月に1回、3回にわたって支払われたのだが、しばらく経ってその翻訳書は版を重ねた。重版印税が入ってくるのは嬉しいはずだが、本来6％貰えるはずの重版印税さえも4％にまでカットされたため、「なんでC出版を儲けさせてやらなきゃいけないんだよ」という怒りも同時に湧いてきていた。そんな〝喜ぶべきか怒るべきかが分からないアンビバレントな感情〟は〝怒りだけの感情〟の何倍も不快だった。感情がグチャグチャになるからだ。

そんな折、D出版からお声がかかったので編集部を訪れた。編集長は私の履歴書を眺めながらこう訊いてきた。

「C出版から翻訳書出してますね。印税はいくらでしたか」

「6％って言われてたんですけど、4％に下げられたんですよ」

すると編集長は豹変《ひょうへん》した。

「またやったか。どうしようもない奴らだな。じつは私、昔C出版にいたんです。そのときのことをお話しします」

編集長は同僚と喧嘩してC出版を退職した話をし始めた。

それを聞いた私は、心の中に積もっていた怒りが正当化された気がした。

（やっぱり被害者は私だけではなかったんだ）

かくして編集部を出る頃には、C出版に対する怒りにとりつかれていた。

数日後、C出版の重版印税の支払い日が到来した。15日が支払い日であったが、そのときは15日が日曜日に当たるため、てっきり13日の金曜日に支払われるものと思いこんでいた。

ところが13日の昼過ぎに通帳記入してみると、入金されていない。それを知った瞬間、私の怒りは沸点に達した。6％の初版印税を4％にカットし、印税は3分割で支払うと言いだし、6％の重版印税も4％にカットし、それで入金日に入金しないとはなんたることだ。もう我慢ならん！

大急ぎで自宅に戻ると、早速C出版に電話をかけた。若い感じの男性が電話に出た。

「宮崎伸治と申します。今日が印税の支払い日なのですが、さきほど確認したら入っていませんでしたが、どうなっているのでしょうか」

「印税の支払い日は15日なんですが、15日は日曜日ですので、16日が支払い日となります」

「そんなこと聞いていませんでしたよ。15日が支払い日で、その日が土日祝祭日だったら、普通、前倒しで払われますよね」

「ウチは1日遅れなんですよ」

「じゃあ御社の社員の給料はどうなんですか」

「前倒しです」

にゃに〜。ぶち切れた私は語気を強めて反撃に出た。

「なぜ印税だけ後ろ倒しなんですか。しかもそれならそれでなんで先に説明しておいてくれなかったんですか。明細書には15日としか書いてなくて、15日が土日祝祭日に当たるわけですから前倒しになると思うじゃないですか。普通の人はそう思いますよ。今日払ってください」

その日のうちに払ってもらわなければ困るわけではなかったが、「翻訳家を舐めてもらったら困る」という〝世直し〟のつもりでこう言った。

「上の者と相談しますので少々お待ちいただけますか？」

「はい」

しばらくすると、鈴木と名乗る男性が電話口に出てきた。

「はじめまして。鈴木と申します。お困りのようなので（困ってませんよ〜だ、同胞のために言っているだけですよ〜だ）、15日支払い予定の分は今日お支払いします」

「送金していただけるのですか」

「申し訳ございませんが、送金はできかねます。弊社までお越しいただけるのであれば現金でお渡しします」

さすがに「今から振り込みに行け」というのも気がひける。わざわざC出版まで取りに行かなければならないにしても〝前倒し〟で払ってもらえるのなら、それでよしとするしかない。

「今からすぐ御社に伺いますので、現金を用意しておいてください」

「分かりました」

時間も交通費ももったいないと思いつつも、印税回収のために出かけた。C出版に到着すると、鈴木氏は〝印税回収のためだけに来た私〟に対してもわざわざ名刺を出して対応してくれた。ところがそんな鈴木氏、現金を支払った後にこう宣ったのだ。

「収入印紙を貼りますので、収入印紙代として２００円頂戴してもよろしいでしょうか」

「そんなこと、聞いていませんでしたが」

「必要なんですよ」

「要るのだったら、なぜさっき電話で説明してくれなかったんですか⁉」

私がこういうと鈴木氏はすんなり諦めた。わっはっはっはっ、これでいいのだ。〝迷惑かけられている側の人間〟がにゃんでそんなもの払わなければならないんだよ。

黙っている鈴木氏に、私は一言、苦言を呈してやった。

「私は印税が3分割で支払われることも、土日祝祭日に当たるときは後ろ倒しになることも教えてもらってませんでしたよ。普通だったらこういう場合、前倒しになると思うじゃないですか。こういう重要なことはきちんと事前に説明しておいてくださいよ」

その後20年以上経ったある日、何かの拍子に「前倒し」というのは法律で決まったことではなく、「後ろ倒し」でも法的に問題はないことを知った。え、そうだったの？　「前倒し」が当たり前だと思っていたが、私の思い込みに過ぎなかったの？

たまたま電話口に出た若い男性に怒鳴り散らかしてしまった私だったが、今にして思えば、ちょっと可哀そうなことをしてしまったかなと思う。

まあ、私も〝同胞の翻訳家のため〟と思ってやったことだったので、許してチョ。

第 2 章

印税未払いには「催促の言葉なくして催促する」テクニックで対処

第7話 印税率を訊くのも一苦労

前回、印税の支払い時期を詳しく訊いていなかったために生じた一悶着《ひともんちゃく》をお話ししたわけだが、読者の中には「事前にきちんと訊いておかなかったあなただって悪いよ」と、私を非難する人もおられると思う。たしかにそれも一理ある。だが、印税の支払いについて詳しく聞き出すことは、けっこう大変なのである。いや、ホント、簡単そうでいて、これがけっこう大変なのだ。

今回はそれがうかがえる実例をお話ししよう。

ある日、E出版からメールで翻訳書出版の相談を持ちかけられたので、「条件が合えばお引き受けできる可能性があります」と返信したところ、出版部長と担当編集者が拙宅まで打ち合わせに来ることになった。

当日、ふたりがやってきて、おおむね話がまとまりかけたのだが、2時間近くも話しているのに、いつまで経っても条件を切り出してこない。しびれを切らした私は、こう切り出した。

「ところで印税は何%でしょうか？」

「他の出版社ではどのくらい貰っていらっしゃるんですか？」＊

「6%から8%のところが多いです」

私がこう答えると、出版部長は鞄から訳書を2冊取り出し、私に示しながら言った。

「じつはこの先生は有名な方なんですけれどね、ウチでは6%でやってもらったんですよ」

「そうなんですか」

「それからこの先生も有名な方なんですが6%でやってもらったんです」

（え？ これって「ウチは6%までしか出せない」と仄《ほの》めかしているの？）

「で、私は何%なんですか？」

「いや、そりゃ宮崎先生のご希望にできるだけ沿った形にしたいと思ってはいますよ」

（ん？ 宮崎先生のご希望にできるだけ沿った形にしたい？ でも私は希望など言っていない。私の希望を知らないのに、できるだけ希望に沿った形に

＊ こういう風にさぐりを入れるような質問をされることがたまにある。私の回答しだいで印税率が変わる可能性があるのなら答えるのも意味があると思うが、その可能性はあるの？ それとも、無いのに興味本位だけで訊いてきているの？ もし、無いのだったら最初からそんな質問せずに、「ウチは○%です、もしそれで良ければやりましょう」って言ってくれてもいいのだけどね。

したいって、どういうことなの）

「でも、そういう回答だと非常に曖昧なので、明確に何%か教えていただけませんか」

「宮崎先生はそうやって印税、印税っておっしゃいますけどね、ウチはウチで一生懸命やっているんですよ。今は出版不況でしょ。だから私どもも一丸となって必死になってやっているんです。印税はできるだけのことはします。なんとか理解してもらえませんか」

「でも、印税率が曖昧なままでは引き受けることはできないんですよ」

「宮崎先生にとって本を出すとはどういうことですか。読者に読んでもらう、それが本を出す本当の意義ではないですか」

「それは分かりますけど、私はただ私の印税率を確認させていただきたいだけなのです」

「とにかく今はハッキリしたことは言えないので、持ち帰って検討させていただきます。決まったらご連絡さしあげます」

（おいおい、仕事の依頼をしに2人して私の家まで来るというのに、印税率

決めずに来たのかよ、〝仄めかしの術〟を使って私の顔色をうかがっただけで帰るのかよ⁉）

数日後、担当編集者からメールが届いた。提示された条件は、印税率６％、初版発行部数６０００部、定価１２００円であった。ただひとつひっかかることがあった。よく読んでみると、メールの最後に「諸事情により出版直前に変更される場合があります」という文言が付け加えられていたのだ。さすがにこれは見逃すわけにはいかない。

出版の直前にならなければ発行部数や定価が決められないことは承知している。しかし、印税率までもが「変更される場合がある」では困る。「発行部数も決めていなかった、定価も決めていなかった、印税率も決めていなかった」では、具体的に決めていたものが何もなくなるからだ。出版契約は諾《だく》成《せい》契約＊であるから、依頼と承諾の意思が合致しさえすれば成立するわけだが、「お願いします」「はい分かりました」だけでは、のちになってからその成立を証明するのは非常に難しくなる。出版契約の成立を証明するには、具体的に何の合意があったかをできるだけ詳しく言えなければならないから

＊物の引き渡しなど、別の行為を必要とせず、当事者の合意だけで成立する契約。

だ。そしてそのためには、最低限、印税率は確定しておいたほうがいいのだ。

仕事自体は引き受けたかったが、印税率が「変更される場合がある」というのは受け入れられなかった。よって断る意思を伝えるために担当編集者に電話をかけた。仕事を断るということは、実質的にはその出版社と縁を切ることになる可能性が大だ。仕事を貰う身分の者としては非常につらい決断である。しかし、私は条件が曖昧なまま引き受けて嫌な思いをしたことがあるので、断ることにした。

「宮崎です、さきほどメールをいただいたのですが……」

「いかがでしょうか」

「初版発行部数や定価は、出版直前にならなければ決められないというのは分かるのですが、印税率も出版直前にならなければ決められないというのは聞いたことがありませんので、ちょっとこれではお引き受けできないですね。すみませんが今回のお話はなかったということにさせていただけませんか」

すると、彼女は慌ててこう言った。

「すみません、少々お待ちいただけますでしょうか」

かなり長い間保留にされていたが、やがて出版部長が電話口に出てきた。

「お電話代わりました。宮崎先生、大変失礼しました。印税率の件ですが、どうやら間違った記載をしてメールを送っていたようです。印税率は６％で確定しています」

「え、そうなんですか」

「はい、申し訳ございません、印税率は６％で確定しております」

それを聞いた私は、一瞬、それなら悪い話ではないなと思った。というより、そう思いたかった。自分で自分にそう言い聞かせない限り、仕事を引き受けることができないからだ。ただ、疑おうと思えば疑うこともできた。本当は印税率も不確定にしておいて、出版の直前になってから印税率を下げるのを常とする出版社なのかもしれない。私が「仕事は引き受けられない」と言い出したものだから、急遽《きゅうきょ》、「印税率は６％で確定している」と話を変えただけなのかもしれない。ただ、そう疑ってかかっても真相を知ることはできないし、疑ってしまえば仕事が引き受けられなくなる。そこで私はそのような疑念を封じることにしたのだった。

このように、印税率を確認するだけでも大変な（こともある）のである。ましてや支払い時期まで確認するとなると……。ただ、私の苦い経験からお伝えしておきたいのは、印税率だけは明確にしておいたほうがいいということである。*

第8話 全部訳した後でそう言われても……

F出版の編集長から出版の相談に来てほしいといわれたので伺ってみると、編集長はその場で編集者高橋さんを紹介してくれ、今後は彼女とふたりで進めてくれと言った。

高橋さんは「急がせて悪いけど、2ヶ月で仕上げてもらえる？」と依頼してきた。かなりのムチャぶりだったが、死に物狂いで2ヶ月で仕上げて訳文を高橋さんに送った。

* ちなみにこの訳書は、私が翻訳を開始した直後に、出版社のほうから出版中止を告げてきた。どうやら原書の著作権に問題があったらしい。訳者にとって出版が中止にされることは、重大なトラウマになりかねないことなので、仕事を依頼する前にそのへんのこともきちんと調べておいてほしい。

数日後、高橋さんに呼び出されたので編集部まで行ってみると、彼女は開口一番こう宣ったのだ。

「この訳ねぇ。宮崎さん、急いでたんですか」

私があっけにとられていると、彼女はこう訊いてきた。

「宮崎さんって、いつもはどうしているんですか。いつもひとりだけで仕上げているの?」

「はい」

「ホント、それ」

「はい」

「専門家にチェックしてもらったりしたことないの?」

「ないです」

「どうも不安なんですよ、宮崎さんの訳。だって宮崎さんって別にこの分野の専門家ではないし。もし専門家にチェックしてもらうとしたら、そのお金は誰が出すのか、弊社か宮崎さんか」

(にゃに〜、なんで最後まで訳させた後になってからそういう相談をしてく

るんだよ。それに「専門家」っていうけど、じゃあ専門家の定義は何だよ。博士号を持っていたら専門家なのか。それにその「専門家」が十分なチェックができるかどうかはどう判断するんだよ。博士号を持っていても、それだけでは翻訳文のチェックができるかどうかは分からないだろうが）

私が黙っていると、彼女はアメリカのある地名を挙げて、「宮崎さん、地名だってカタカナ表記間違っているじゃない！」と声を荒らげた。

じつは地名の表記は初校ゲラチェックのときに直すつもりでいた。当時はネットで調べられなかったので百科事典で調べなければならず、その時間まで取れなかったからだ。彼女はそれが気に入らなかったらしい。

「宮崎さん、アメリカに留学してたんでしょ。*この地名知らなかったの？」

「私が留学していたのはイギリスです」

「え、そうだったの」

「アメリカは一度も行ったことはないです」

「だとしても、翻訳家なんだからきちんと地名くらい調べないと」

「申し訳ありません」

＊私が事前に履歴書を出していたため、彼女はこんなことを言ってきたわけである。私が**留学**していたのはイギリスであり、履歴書を読めばすぐに分かるはずだが、彼女は私がアメリカに留学していたと勘違いしていたのだ。このように彼女は自分でも間違いを犯すくせに、私には厳しすぎるくらい厳しかった。

「あとね、宮崎さん、『natural world』を『自然界』って訳したでしょう。これ直訳じゃん。こんな日本語あったの？　初めて知ったわ」

じつは「自然界」という日本語はある。産業翻訳時代に実際、何度か訳文の中で使った記憶もある。電子辞書を持参していたから「自然界」という言葉を引いて見せて反論することはできたが、咄嗟《とっさ》のことだったので、電子辞書を引くことを思いつかなかった。ああ、残念！

「こんな言葉を直訳するって、宮崎さんって翻訳家としてどうなの？」

（いったん仕事を依頼した翻訳家に対して「翻訳家としてどうなの？」はいただけない。なぜなら一緒に仕事を開始したということは*、私のことを「翻訳家として認めている」が前提となっているからだ。もし私の〝翻訳家としての資質〟に疑問符が付くのだったら、なぜ翻訳を依頼する前にトライアルを課さなかったのか）

「なんというか、宮崎さんの言葉使い、普通じゃないのよね。ずれているのよ。だいたい、この本、です・ます調ではなく、だ・である調でしょう」

（だから私は翻訳開始直後に、そういったことも含めて一度お打ち合わせが

＊「一緒にやる」と決めた以上は、それが本の出版であれなんであれ、〝同じ船に乗った者同士〟になる。そして同じ船に乗った以上は、相手の嫌なところが見えても、もう船からは下りることはできないのだから一緒に仲良くやっていくしかないのだ。相手をなじればなじるほど、同じ船に乗っている自分も困ることになるのだ。

したいと申し出ていたのだ。それを拒絶し、「いいからとにかく訳文を仕上げてください」と言ったのはあなたではないか。それに、です・ます調がいけないとも思えないが）

「宮崎さんの言葉使いって古くさいのよね」

（私は過去に出版した訳書を10冊以上、F出版に送付していた。古くさいと思うのなら、なぜ私に翻訳の依頼をしたのか）

しかし、私は冷静さを失わずに、彼女の怒りを鎮《しず》めるようにこう言った。

「修正すべき箇所は修正します。まず、です・ます調を、だ・である調に変えるということですね」

「もう～、それだけじゃなくて～。*分かってないんだから！　私が見本見せてあげる。私は宮崎さんほど英語はできないけど、日本語はできるわ。どういう日本語にしたらいいか教えてあげる。『はじめに』のところだけ私が訳してメールするから、それを見習って全体を直して」

「はい、分かりました」

2時間ほど難癖のオンパレードだったが、やっと解放された。ただ、その

＊私は修正すべき点をひとつひとつ確認しようとして、１点目として「です・ます調を、だ・である調に変えるということですね」と言っただけで、続けて２点目を挙げようとしていたのに、１点目を挙げた直後にイラついた声で「もう～、それだけじゃなくて～」とさえぎられると、ビビるぞよ。

時点で私は内心切れてしまっていた。

数日後、彼女が訳したという「はじめに」がメールで送られてきた。しかし、優れた訳文だとは思えなかったので「メールを受け取りました」とだけ書いて返信し、コメントは控えておいた。それがまた彼女の逆鱗《げきりん》に触れてしまった。翌々日、彼女は電話をかけてこう訊いてきた。

「宮崎さん、修正作業のほう、ちゃんとやっていただいてるんですか？」

「はい」

「だって、私が送った訳文に対して、何もコメントを返してくれてないじゃない！」

「いや、参考にはさせていただいております」

「それだったらそれが分かるように、メールしてこなきゃダメじゃない！」

「すみません」

数日後、訳文を推敲して再提出した。また何か難癖がつくかと心配していたが、意外なことにすんなり通過して出版に至った。

数日後、初動が良かったのに気を良くした高橋さんは、電話をかけてきた。

「例の本、よく売れていますよ。お時間があれば、お出かけになるときにでも一度お目にかかれればと思っているんですが」

遠回しに「編集部まで次回作品の打ち合わせに来い」と言っているように思えたが、用件も言わずに「お目にかかれればと思っているんですが」と言われても、会う必然性を感じない。そこで私はこう言って逃げた。

「今ちょっと忙しくてですね」

「お時間取れないですかね？」

「いや〜、忙しくてですね」

「そうですか、じゃあ、またお時間が取れるようになったらご連絡ください」

編集長に紹介される形で編集者と出会うと1冊目こそはしかたがないが、2冊目以降はこうやって逃げることができるのだよ、お分かりかな？　私の訳文が100点満点だったとは言わないが、「急いでたんですか」とか「こんな日本語あったの？　初めて知ったわ」とか「翻訳家としてどうなの」とか言われたら………ねぇ？

その後、ある業界関係者からその訳書の担当編集者は誰だったのかと訊かれたので、高橋さんの名前を出した。すると彼、「え、高橋さんだったの？　あはは、あの厳しすぎることで有名な？*　そりゃ〜大変だったでしょう」と苦笑したのだった。

第9話　リーディング料、出ないんじゃなかったの!?

出版翻訳家が出版社からよく頼まれることのひとつに、リーディングがある。何をやるかといえば、原書にどんなことが書いてあるかがざっと分かるように、日本語で概要を作成するのである。*

編集者はその概要を企画会議にかけ、出版するか否かを話し合うというわけだ。私は数十人の編集者とお付き合いしてきたが、原書が読める人は皆無に等しかった（これは彼らを軽んじて言っているわけではない。彼らは編集のプロであって外国語のプロではないのだから）。だから彼らは翻訳家にリーディングをやってほしがるわけだが、問題はそれをタダでやらせようとする編集者がい

＊このとき初めて編集者でもどんな人なのかという噂は広がるものなのだ、ということを知った。

＊「概要」のことを「サマリー」といったり「シノプシス」といったりする出版社もある。

ることだ。

　私が初めてリーディングを依頼されたのは、G出版からだった。じつはG出版には私が売り込んだ訳書を1冊出版してもらったことがあった。その訳書が出た数ヶ月後に、そのときの担当編集者田中氏が電話でこう頼んできた。

「翻訳書として出したいと思っている本があるんですが、原書をお送りするので、概要を作成してもらうってことできませんかね」

「概要ですか？　でも、作成のしかたとか知らないんですけど」

「いや、時間のあるときにざっと読んでもらうだけでいいんで〜、だいたいどんな本かが分かればいいんで〜」＊

（こういう言い方をしているってことは、報酬はないってことか。なんでタダでやらなきゃならないんだよ）

　とは思ったものの、訳書を1冊出してもらった恩もあるため、無下《むげ》に「できません」とも言いがたい。そこで私はこう言って逃げた。

「そうですか、じゃ〜まぁ、今ちょっと忙しいのでお約束まではできませんが、もし時間ができれば……ということでよろしいでしょうか。できたら私

＊「企画が通ったらあなたの訳書が出せますよ」的な雰囲気を作って、こうやってタダで概要を作成させようとする編集者が何人かいた。私が概要を作成するのは簡単なことではないことを説明したら、「英語が読めるんだから、ちょっと読んでよって意味よ、何をそんなに大げさに言っているのよ」と返してきた女性編集者もいた。〝ちょっと読んだだけ〟で概要が自然とできるわけではないよ！

のほうから連絡しますので」

この発言が意図するところは「時間ができれば読むが、時間ができなければ読まない、作成できたら私のほうから連絡するが、作成できない場合は連絡しないので、催促はしないでほしい」である。ただそうストレートに言ってしまうと角が立つので、わざと玉虫色の答え方をしたのだ。わっはっはっは。これぞ玉虫色の妙技だ。人間関係を潤滑にするには、ときにこういう技を使うことも必要なのだ。

数日後、原書が送られてきた。一応パラパラとめくってはみたが、それほど惹《ひ》かれる本でもなかったし、まさか催促されるとは思っていなかったこともあり、うっちゃっておいた。

数日後、田中氏から電話がかかってきた。

「この前送った原書は読んでいただけましたか」

じっくり読んでいたわけはなかった私は、しどろもどろになった。

「え、えぇ、まぁ、ささっとですけどね」

「で、どうでした?」

感想が言えるほど丁寧《ていねい》に読んではいなかったし、そもそも訊かれるとは思っていなかったので、その原書のタイトルから推測して、内容が時代にマッチするかどうかは分からないですねェ～と言っておいた。すると意外にもあっさりこんなことを言う。

「いや、そういう感想を聞かせていただけるだけでいいんです。それが分かればそれはそれで助かるので」

（え～、こんなにテキトーに一言二言感想を述べただけなのに、それでいいの？）

とは思ったものの、出版するかどうか分からないのに概要を求められることに納得していなかった私は難を逃れたと思った。もうこれ以上、この本についてはは概要を出せと言われないと思ったからだ。わっはっはっはっ、これでいいのだ。本当に本気で概要を作成してもらいたいなら、お金を出すべきなのだ。

案の定、その企画は通らなかった。こういうことがあった以上、もうG出版からはリーディングを依頼されることはないと踏んでいた。

ところが数ヶ月して、またまた田中氏は電話をかけてきて概要を求めてきた。

「お忙しいところ恐縮なんですが、出版が決まっている原書があるんですね。で、どうしても企画会議で概要が必要なので作成してもらえませんか？」

「それって必ず出版されるんですか？」

「間違いないです」

まあ、そこまで言うのなら作成してもいいだろう。万が一、出版されなくなった場合にどうなるかを訊こうと思えば訊けるが、そこまで訊くのは野暮というものだ。「間違いない」と言っているのだからそれを信じよう。

かくして概要を提出すると、すんなりと企画が通り、訳書を出すことができたのだった。

しかし一回タダでやってしまうと、相手も「この人はタダでやってもらえる」と思うのだろう。田中氏はまたまた頼んできた。

もちろん、タダではやりたくはない。ただ、前回もこの流れで訳書を出してもらった恩もある。「出してもらえるのならリーディング料はタダ」というのは分かるが、万が一、出してもらえなかった場合はそのときだけでもリーディング料は払ってもらいたいものだ。

ただ、モノは考えようで、出版社と翻訳家は持ちつ持たれつの関係でもある。日頃お世話になっている出版社のために〝ご奉公〟することが一概に〝悪いこと〟とも言い切れない。そう自分で自分を納得させて、「いいですよ」と答えた。

すると田中氏は意外なことを訊いてきた。

「ちなみに宮崎さんって、リーディング料、いるんでしたっけ?」

(にゃに〜。てっきりG出版は誰にもリーディング料を出していないと思っていたのに、こんなことを訊いてきているということは、リーディング料を払っている人もいるってことか。人によって出したり出さなかったりしているのか?)

とは思ったものの、私が過去にリーディング料を貰っていたかどうかは調べられたら分かるから嘘はつけない。

「いえ、貰ってませんが」

「すみませんね、じゃ、それでお願いします」

むむむ。いったん「タダでやる」という流れができてしまったら、その流れが続くのだ。こんなことなら最初から「私はタダではやりません」と突っぱねておけば良かったか。

リーディング料については、色々な考え方があると思う。タダで引き受けるべきではないという意見も、本人が納得してさえいればいいという意見もあろう。

G出版では、タダで引き受けざるを得なくなった私だが、じつは他社からのリーディングの依頼に対して〝うまいことやった経験〟がある。「なるほど、こうすればいいのか」という実例になるかもしれない。それについては第10話でお話ししようと思う。

第10話

何冊リーディングをタダでやらせるつもりなんだよ！

ある日、何の縁もなかったH出版の伊藤氏から、突然電話がかかってきた。伊藤氏によれば、翻訳エージェント*から自分を紹介されたとのことで、私にリーディング（原書の概要作成）を求めてきた。

翻訳エージェントからの紹介で連絡が入ったのはそのときが初めてだったのだが、仕事に結びつくかもしれないわけであるから、紹介されること自体はありがたいことではあった。ただ、伊藤氏がまるで私がリーディングを引き受けるのが当然であるかのような頼み方をしてきたのには、ひっかかっていた。伊藤氏は、こういう頼み方をしてきたのだ。

「翻訳出版を検討している原書があるんですが、宮崎さんにシノプシス（概要）を作ってもらえればと思いまして……。原書を送りますので、お願いできますか。急いでいるので早めにあげてもらったらありがたいんですが……」

＊翻訳エージェントとは、翻訳出版権に関する海外とのやりとりを主な仕事とするエージェント（代理人）のことである。

（え〜、初めて依頼をする相手に対して、報酬の話を一切しないまま「急いでいるから早めにあげてもらったらありがたい」という言い方をするの？）

一瞬そう思ったものの、次の仕事を入れたかった私はこう答えた。

「そうですか、じゃ〜、できる範囲で急いでみます」

新しい原書を自分で見つけるというのは、それなりに時間も労力もかかる。なので、めぼしい原書を打診してくれるのは翻訳家にとってありがたいことではある。企画が通ったら、私の訳書として出せるのかもしれない。ならば断るのももったいない。そう思った私は、報酬については尋ねず、2週間くらいで仕上げると言って電話を切った。

約束どおり2週間後に概要を送ったが、その後、2ヶ月、3ヶ月、待っても、うんともすんとも言ってこない。出さなくなったのなら出さなくなったで、そう伝えてくれれば、その概要を別の出版社に持ち込むこともできるが、何も言ってこないのだからどうにもしようがない。伊藤氏としては「出さなくなった」とは言いにくいのだろうが、宙ぶらりんのまま待たされる私は私でエネルギーを消耗する。*

＊概要作成もそれなりに時間や労力を費やすので、一翻訳家として言わせていただければ金銭的対価があったほうが望ましいが、出版社側としては「タダでやってもらいたい」というのも分からなくはない。その辺のことは「必ずこうすべきだ」という唯一の正解はないが、訳書を出さないなら出さないでそう言ってほしいものだ。私も最初から「ボツになったらボツになったで他の出版社を回るので、その旨教えてください」と言っておけばよかった。そう言っておかなければ宙ぶらりんのままにされかねない。

4ヶ月くらい経ったある日、しびれを切らせた私は、伊藤氏に電話をかけてみた。

「あの本、どうなりましたでしょうか。出なくなったのでしょうか」

「いや、出さないと決まったわけではないです。ただ、もっといい本があれば、その本も含めてどの本を出すか決めようと思ってるんで……」

（にゃにが「もっといい本があれば、その本も含めてどの本を出すか決めようと思ってる」だよ。「出さなくなった」と言ってしまったら、リーディング料を求められるかもしれないと恐れて玉虫色の答えで逃げているだけじゃないのか）

と思ったものの、さすがにそこまでストレートにぶつかっていけるものでもない。しかたなく「じゃあ正式に決まったら教えてください」と言って電話を切った。すると案の定、その後何ヶ月待っても連絡が来なかった。放置したままにして出版を諦めさせる作戦を取ってきたのだ。

その件以来、もう伊藤氏からはリーディングを依頼されることはないだろうと思っていたが、その後1年が経つ頃、伊藤氏から電話がかかってきた。

「原書を2冊ほど送りますので、シノプシス、作ってもらえますか」

私は1年前に〝何もなかったこと〟にされたのをしっかりと覚えてはいたが、ちょうど仕事がなかったこともあり、妥協して引き受けると言ってしまった。この辺の駆け引きは非常に難しいのだ。

翌日、宅配便で2冊の原書が送られてきた。そのうちの1冊を読んでいると、またまた伊藤氏から電話がかかってきて、追加で原書を2冊送るのでシノプシスを作ってくれという。やってくれるのが当たり前のような言い方をされたのが気になったが、やりますと言って電話を切った。

ところがその数日後、またまた伊藤氏から電話があって、さらに追加で原書を2冊送るのでシノプシスを作ってくれという。さすがにこれには〝穏健な〟私でも、堪忍袋の緒が切れた。1冊1冊出版するか否かを検討するのならまだしも、いっぺんに6冊も同時に概要の作成を求めてくるとはなんたることか。どれだけ時間や労力がかかるか想像したことがないのか!?

私は内心切れかかっていたが、それを悟られないよう平静を装って言った。

「たくさんの中から一番いいものを選びたいというのは分かるのですが、概要を作成するのはそれなりに時間も労力もかかるんですよ。* いっぺんに6冊もお願いされても、そんなに早くは作成できないです。しかもこれって、全部ボツになってもお金はいただけないんですよね？」

するとと伊藤氏は態度を急変させた。きっと、概要作成を拒絶されたら困る事態を抱えていたのだろう。

「あっ、いやっ、これは説明しておかなかった私が悪かった。今回はですね、少なくとも1冊か2冊は出すという前提でお願いしているんです」

「でもそれはあくまで前提ですよね？　万が一、1冊も出ないとなったらどうなるんですか」

「もし1冊も出なかったら、そのときは1冊当たり3万円のリーディング料をお支払いします」

（え？　それって本当なのか？　もし「リーディング料を1冊当たり3万支払う」つもりが最初からあったのなら、1年前に提出した概要がボツになったときに3万出してくれていてもいいはずだが、出してくれなかったではないか。私が報酬を求めなかったのをいいことに〝何もなかったこと〟にした

＊私の場合、原書を読むだけでも最低でも20〜30時間、**シノプシスを作成する**のにも最低でも20〜30時間はかかる。数時間で作成できる代物ではないのだ。

じゃないか。報酬を求めてこなかったら無償でやらせ、報酬を求めてきたらやむなく報酬を払っているのか？）

私が報酬の話をしたからだと思うが、追加で送ると言っていた2冊の原書は送られてこなかった。ふ〜、概要作成は4冊で済んだ。しかし4冊でも、けっこう時間も労力もかかる。

ただ、リーディング料に関する疑念は払拭できなかった。

（今回4冊の概要を出すわけだから、もし全部ボツになればリーディング料は4冊分×3万円で12万円になる。12万円はけっこうな金額だ。翻訳書が出ないのに、本当にそんなに払ってくれるのだろうか？）

数週間後、概要を出した4冊のうちの1冊が企画として通り、出版されることになった。良かった良かった。しかも今後はタダでリーディングを求められることもないだろう。災い転じて福となすの典型例だ。わっはっはっはっはっ、これでいいのだ。

たかがリーディング料、されどリーディング料。絶対にこうしなければならないという法律があるわけではないので、なかなか難しいところではある。

第11話

未払い印税回収劇❸ マル秘催促法

私が作家・翻訳家デビューした1990年代半ばは、出版業界が最も盛り上がっていた頃だったが、その後IT革命のあおりを受けて本が売れなくなり、未曾有《みぞう》の大不況となった。規模は年々縮小し、出版社の数も書店の数も激減した。

だが、その一番のしわ寄せが行ったのは、作家・翻訳家ではないかと思えてならないのだ。実際、翻訳家へ支払われる訳者印税は8％が相場と言われていたが、7％になり6％になり、場合によっては4％にもなり、「2％にされた」という人の噂も聞いた。しかも昔は印刷部数に印税率をかけて払ってくれるのが普通だったが、今やそれが普通ともいえなくなり、実売部数に印税率をかけて支払われることもある。

私自身、約束していたはずの印税のカット、原稿料のカット、支払い時期の延期を何度も経験した。支払い時期の延期などは、事前に何の相談もなく無言で勝手に延期されるありさまだ。出版業界に身を置かない人には信じられないかもしれないが、未曾有の出版不況の昨今、そういうことが実際に起こっている。もちろん、すべての出版社がそうとは言わないが、私は何度もそういう経験をしている。そこで身についたのが「催促の言葉を一切使わずに催促するテクニック」だ。

とてつもなく胡散臭《うさんくさ》く聞こえるだろうが、私だって好きこのんでそんなテクニックを使いたいわけではない。使わざるを得なかったのである。その経緯と実践方法をお話ししたいと思う。

まだ私が新人の頃、印税の支払い日（が日曜だったので前倒しで振り込まれていると思っていた金曜日）に振り込まれていないことに気づき、カーッとなって電話で印税の支払いを催促したことがあった。しかし、催促をするのにもエネルギーがいる。相手もきっといい気分ではないだろう。他の翻訳者から聞いた話だが、催促したら催促したで「すぐに催促しやがって！」と逆切れする編集者もいるらしい。そこで私は〝催促してもすぐに支払ってくれなかった過去がある出版社〟には、〝催促の言葉を使わずに催促する方法〟で、対処することにした。

では、どうすればそんなことができるのか。

例えば、8月末に振り込むという約束なのに、8月31日の午後3時までに振り込みが確認できなかった場合、催促の電話をかけずにメールで次のような「残暑見舞い」を送るのだ。

「残暑お見舞い申し上げます。いつも大変お世話になっております。拙書『〇〇』の販売管理をしてくださり感謝しております。貴社の皆さま、お元気でいらっしゃいますか。今後ともどうぞよろしくお願いいたします」

こうして暗に拙書『〇〇』の印税の支払いを忘れていないかを相手の意識に上らせるのだ。客観的にいえば、私は催促をしているわけではない。単に、残暑お見舞いを申し上げているだけだ。しかも感謝までしている。出版社の皆さまのことも気遣っている。いくら何でもこの文面に対して「あなたはすぐに催促する奴だな！」といって逆切れすることはできまい。わっはっはっはっ、これぞ褒め殺し*ならぬ〝感謝殺し〟の技だ。

しかし、それでも支払いがないままだったとする。9月1日になり2日に

＊デジタル大辞泉によれば「**褒め殺し**」とは「必要以上にほめちぎることで、かえって相手をひやかしたりけなしたりすること」だが、私は印税をきちんと払ってくれない出版社に対しては「感謝殺し」をするよ。業界を良くしたいという真摯な願いがあってのことだから悪く思わないでね。

なり、3日になる。次なる手段はファックスだ。内容は、メールのときと同じだ。メールが相手に届いていないということもないわけではないので、ファックスで再度「残暑お見舞い」を申し上げるのだ。くり返しになるが、私は催促をしているのではない。印税のことには一切触れていないのだから、私のこのファックスを見て、「印税支払いの催促をしているのだ」と思う第三者はいないだろう。しかし、私はこういうファックスを流すことで出版社に実質〝催促〟をしているのである。たいていの場合、電子メールで一度〝催促〟をし、その後ファックスでもう一度〝催促〟をすれば、すぐに振り込んでくれる。

しかし、電子メールとファックスのダブルで〝催促〟しても、それでも支払わない出版社もある。そういうときは次なる手段として、ハガキで「残暑お見舞い」を申し上げることになるのだが、官製ハガキではなく私製ハガキを使うのがコツだ。何をするかといえば、私製ハガキに宛名とメッセージだけ書いて（持参したことを知らしめるため）わざと切手を貼らないまま直接出版社まで出向き、郵便受けに入れて帰るのだ。そうすれば、気迫が伝えられる。

しかし、出版社が自宅から近ければそれができるが、遠方にある出版社の場合、電車賃や時間をかけるのはバカらしい。では、そういうときはどうすればいいか。いろいろと頭を悩ませたあげく、名案が浮かんだ。自分が過去に出した著訳書を担当編集者宛てに郵送で送るのだ。「皆さま、お元気でいらっしゃいますか。拙書『〇〇』の販売管理ありがとうございます」という文言を付けて、だ。

さて、それですぐに振り込みがあればいいのだが、さらに数日経っても無い場合は、次なる手段として過去に出版した私の著訳書を担当編集者宛てに宅配便で送る。宅配便なら必ず誰かが受け取りのサインをしなければならないので、そのときに「宮崎伸治から荷物が届いたこと」が否応《いやおう》なく意識に上る。そして、そこから連想して、「宮崎伸治に印税をまだ払っていないこと」にも気づいてくれれば成功だ。

宅配便を1回送ってもダメなら2回、2回送ってダメなら3回。さすがにこれでは逆切れできまい。わっはっはっ、私こそは〝逆切れ防止大魔神〟だ。私からの〝著訳書付き感謝状〟の送付を止《や》めてほしいなら、約束した印税を払う以外に方法はないのだよ、お分かりかな？

ここまでお読みになったあなたは、私を非常にねじ曲がった性格だと思うかもしれない。はい、そう思ってもらって結構。そもそも印税の支払いを遅らせに遅らせたあげく、私が催促してもずるずると支払いを遅らせるから、こういうことになるのだ。そういう〝過去〟がない出版社には、こんなことはしやしない。泣き寝入りをすれば出版社に「待たせておけばいい」と〝学習〟させることになるので他の訳者に迷惑がかかるし、催促すれば催促したで逆切れされかねないのならこういう手を使うしかない。これでいいのだ、というより、こうするしかないのだ。

第3章

出版中止をめぐる責任と補償、そして『7つの習慣』の第2弾

第12話 出版が遅らされ、支払いも遅らされ……

すでに「未払い印税回収劇」について2度お話ししたわけだが、〝出版された本〟の印税は比較的回収しやすいのである。ところが、ずるずる出版が遅らされている場合は、出版されていないだけに回収が難しい。出版社側にしても〝出版されてない本〟は売り上げが上がってないわけだから、印税を先払いするのは難しいだろう。だから、ずるずる出版が遅れることは、出版社にとっても著訳者にとっても、非常にまずいことなのだ。

その〝ずるずる出版が遅らされていた本〟は、I出版から依頼されたものだった。超特急の依頼だったが、死に物狂いで仕上げてI出版の希望を叶えた。

ところが、出版予定日を過ぎてもI出版から何の連絡もなかった。不安がよぎった私は「条件を書面にしてファックスしてほしい」と依頼した。

数日後に送られてきたファックスを見てみるとビックリ仰天。打ち合わせのときに「初版は1万部から2万部の間」と言われていたのに「初版8000部（仮）」になっていたし、定価も印税率も下げられていた。しかも、出版が遅れているのは私の責任ではないのに、「初版印税の支払いは仮の発行部数で計算したものを来月から半年ごとに4分の1ずつ分割して3回支払い、残金は出版されたときに実際の発行部数に合わせて調整し、差額を払う」となっていた。

（**おいおい、本当だったらすでに全額支払われているはずなのに、「半年ごとに4分の1ずつ支払う」って、出版をいったい何年延ばす気なんだよ!?**）

だが私は反発しなかった。打ち合わせのときに「初版は1万部から2万部の間」と言われていたのは事実だが、それは私に仕事を引き受けてもらいたい一心でついつい口がすべってしまったのだろう。ついつい口がすべるということは誰にでもある。だからそれを責めるのは可哀そうだ。しかも来月には1回目の支払いをしてくれるというのに、反発していたら来月の支払いもおじゃんになる。ここは、黙って半年ごとに4分の1ずつ印税を回収したほうが賢明だ。そう思ったからだ。

かくして〝初版印税〟はその後、4分の1ずつ3回にわたって支払われたのだが、肝心の出版のほうは延期されたままだった。

原稿提出後、2年以上経ったある日のこと。我慢の限界が来たのでI出版に問い合わせてみると、出版中止になったと告げられた。* 出版があまりにも遅れているのでそうなる可能性は薄々感じてはいたものの、やはりショックだった。

早速、どういう補償をしてくれるのかを私はメールで問いただした。

「出せなくなったものを出してくださいとは言いませんが、出る予定で進めていたものを出版中止したわけですので、どのような補償をしてくださるのかお教えください。またそれとは別に、初版印税は4分の3しか払っていただいておりませんので、至急残金をお支払いください」

するとこう返事が来た。

「初版印税の残金はお支払いします。経理の関係上、来月末になりますのでご了承ください。* 補償に関してご質問がありましたが、お恥ずかしながら弊社では出版中止にした経験がございませんので、宮崎さんのご希望をお聞か

＊私が問い合わせしなかったら放置したまま終わらせる気だったのかよ!?　ったく、も〜。

＊「今月末」ならまだしも「来月末」って、いったいどれだけ待たせるんだよ！　今月末までまだ３週間あるのに、なんで「今月末」でなくて「来月末」に支払い日を延ばすんだよ！

せ願えないでしょうか」

私の立場から言わせてもらえれば、I出版の依頼どおりに仕事をしたのだから初版印税は当然払ってもらわなければ困るが、本を出すという前提で引き受けたのだから出版中止にしたことも償ってもらいたい。ただ、「ベストセラーになるはずだった」といって何千万も要求するのはやりすぎであることは私にも分かる。そこで頭を悩ませた結果、「トータルで初版印税予定額の1・5倍お支払いいただくことを希望しますが、それが妥当か否かは分かりませんので、もしもっと合理的な解決方法があればお教えください」と書いてメールを送った。

するとI出版は態度を豹変させた。

「本というものは出してみなければいくら売れるか分かりません。売れると確実視されていた本が売れないということも日常茶飯事です。本が出版されていないのに、重版印税など発生しようがありませんから、宮崎さんのご希望には沿いかねます。弊社としましては、初版印税の残金をお支払いすることが、出版中止にしたことに対する補償のすべてだと考えますので、それにご納得いただけなければ、初版印税の残金のお支払いは取り消させていただきます。ご納得いただけるようでしたら、その旨お返事ください」

（にゃに〜、初版印税の残金を払うことが補償のすべてだと？　それを了承しないと残金を払うのを止めるっていうのか⁉）

早速、反撃に出た。それ以降の攻防はざっとこんな感じである。

「私は『宮崎さんのご希望をお聞かせ願えないでしょうか』と尋ねられたからお返事したまでです。もし私の希望が叶えられないのなら叶えられないでかまいませんが、それなら出版中止にした責任はどう取ってくださるのかお教えください」

「弊社では初版印税の残金をお支払いすることが出版中止にしたことの補償のすべてだと考えております。本来なら、出ていない本の印税など発生しないのですから、初版印税もお支払いする義務はないのですが、それではあまりにも宮崎さんに失礼と考え、このたびは初版印税の残金をお支払いすることで補償をしようと考えております」

「貴殿はこの問題が発生した当初、『初版印税の残金はお支払いします』とおっしゃいましたが、そのとき『それが出版中止にしたことの補償のすべて』だとは説明されておりませんでした。出版中止にしたことの補償問題と初版印税の残金を払うことは別問題です。まずは残金を払ってください。その後、補償問題について話し合いましょう」

その後、I出版からの連絡は、一切来なくなった。メールやファックスを何度送っても完全無視された。埒《らち》があかなくなったので弁護士に依頼し、I出版に連絡を取ってもらうと、即「初版印税の残金と解決金を払う」と白旗を揚げてきた。

（なんだ、初版印税以外にも補償金を払わなければならないこと分かってたんじゃん）＊

かくして〝出ていなかった本〟の初版印税全額と補償金が得られた。わっはっはっはっ、これでいいのだ。

＊「**初版印税以外にも補償金を払わなければならない**こと」が分かっているのだったら最初から誠実にその事実に向き合って話し合いをしてくれたほうが、都合の悪いことを誤魔化そうとするより何倍もいいのだよ。なんでそれが分からないのかなぁ。私のほうとしてもベラボウな補償を求めているわけではないのに。

第13話

初めて「初版から印税が支払われる自分が書いた本」の企画が通った

初めての「初版から印税が支払われる自分が書いた本（翻訳書ではない本）」の企画が通った。と思ったら、出版社側の事情で一方的に出版中止にされた。そして損害賠償金として２００万円が私に支払われた。しかも、自分が勝手に書き上げた原稿を提出しただけで、出版社から訂正だの修正だの加筆だのといった作業を一切求められていない段階だったのにもかかわらず、である。

……と書けば、私があくどい手法を使って出版社を「脅かした」と思う人もいるかもしれないが、けっしてそんなことはしていない。というのも、当時の私は自分のことを文筆家としては〝素人同然〟だと思っていたし、法的知識もゼロに等しく、調停だの裁判だのする術《すべ》もなかったからである。そんな私が「要求」もしていなければ、「問い合わせ」すらしていないのに２００万円も支払ってもらったのだから、まさに驚愕すべきウハウハ事件だったのだ。

しかし、もちろんそれには裏事情があった。逆に言えば、裏事情がなければ、〝素人同然〟の文筆家である私にそんな高額な賠償金が支払われるわけはない。私にとっては、まさに人生最高の〝棚からぼた餅〟事件だったわけだが、その裏事情をお話ししたいと思う。

今でこそ60冊以上の著訳書がある私だが、初めて〝初版から印税が支払われる自分が書いた本〟の企画が通ったのは、36歳のときだった。遅咲きといえば遅咲きである。それまでにも翻訳書は10冊程度出してはいたし、翻訳者印税も初版からもらってはいたが、それまでに出版した〝自分が書いた本〟4冊はすべてJ出版から「初版印税ナシ、重版印税は実売数に応じて払う」という契約で出したものだった。今はどうか知らないが、少なくとも当時のJ出版は「半自費出版」という契約で出版することの多い出版社であり、私も1冊目は「半自費出版」という契約で出版したのだった。ただし、そのJ出版でも「企画出版」として出版されることが一切ないというわけではなく、私の場合も2冊目からは「企画出版」として出してもらえていた＊（「企

＊ J出版で**「企画出版」**として出してもらえるのは全体の1％（逆に言えば、99％は「半自費出版」ということである）という噂もあったが、私はその1％の可能性を自ら開いたのだ。わっはっはっはっ、そういう可能性を開くのが私なのだ。

画出版」だから著者の費用負担はないものの、「初版印税ナシ」という条件は変わらなかったが)。そういうわけで〝自分が書いた本〟を4冊も出しているとはいえ、自分のことを〝プロの文筆家〟と自称する自信はなかった。〝プロの文筆家〟と言えるには、やはり〝初版から印税が支払われる自分が書いた本〟を出してこそ、という思いがあったからだ。

そう思っていた私が〝初版から印税が支払われる自分が書いた本〟を出すことに憧れないわけがなかった。ただ、当時の私は翻訳書ばかり手がけていた。そのため出版社も私のことを「翻訳家」だと認識するから、依頼される仕事も翻訳ばかり。しかも忙しすぎて原稿が書き進められなかったのだから、そんな本の出版など夢の夢の話だったのだ。

さて、K出版のもと、ベストセラーになることが確実視されていた*『7つの習慣』の第2弾の翻訳作業を終えてしばらくの間、翻訳の仕事が入ってこなかったこともあり、やっと人生論的エッセーを書く時間が取れるようになった。いったん書き始めれば早いもので、あれよあれよという間に1冊分の分量になっていった。そんなある日、同書の打ち合わせをするためにK出版

＊『7つの習慣』の第1弾は当時すでに約100万部まで売り上げを伸ばしていた。そのため私の訳した『7つの習慣』の第2弾も**ベストセラーになることが確実視**されていた。

編集部に伺う機会があったので、ダメ元で編集長にこう打診してみた。

「じつは人生論的エッセーが書き上がっているのですが、御社で出版化を検討していただくことはできないでしょうか」

「じゃあ、読ませてください。検討しますから」

（よしよし、検討してもらえるだけでも大前進だ）

そう思った私は、その日のうちに原稿を郵送したのだった。

ただ、企画が通ることは期待していなかった。なにしろ当時の私はJ出版以外から1冊も〝自分が書いた本〟を出したことがなかったので〝初版から印税が支払われる自分が書いた本〟など出せるとは思っていなかったのだ。

数日後に編集長から電話がかかってきた。

「この前送っていただいた原稿ですが、ウチでやらせてもらいたいと思います」

（やった！　やっと作家を名乗れるようになるぞ！）

私は飛び上がるほど嬉しくなった。

「ありがとうございます！」

「ただ、いただいているタイトルについては、私は大上段にかまえてていいのかなぁとも思っているのですが、もしかすると変えさせていただくかもしれません。その点はよろしいですか」

「それはお任せします」

「そうですか、ではまた後日連絡します」

「やらせてもらいたいと思います」*→「ありがとうございます」という口約束だけではなんとも心許ない。というのも印税率も分からなければ、発行時期も発行部数も定価も何も分からないからだ。だが、私はそれ以上、突っ込んで訊かなかった。というのも、あれこれ訊いているとウルサイ奴だと思われかねないし、下手をしたら「こんな面倒な奴の本を出すのは止めた」ってことになるかもしれないからだ。

（ここはこのままおとなしくしておいたほうがいい、万が一、後になってから「あれは企画としては通っていたわけではなくて、打診していただけだったのだ」などととぼけられたとしても、もう原稿は書き上げているし、今から私に莫大な労力がかかるというわけでもない、ここはこのまま進めればい

＊ 初めて〝初版から印税が支払われる自分が書いた本〟の企画が通ったときの伝達の言葉は「企画が通りました」でも「出版することが決まりました」でもなく「**やらせてもらいたいと思います**」だった。多数のトラブルを経験した今の私から見れば、なんとも曖昧な表現ではある。第三者から見れば、何を「やらせて」あげるのかが分からないと思う。

いのだ、私が失うものなどないのだ）

そう自分に言い聞かせたのだった。

しかし、その後いつまで経っても、K出版からは人生論的エッセーの話が出てこなかった。普通だったら、何ヶ月も放置されたら不安になるだろうが、『7つの習慣』の第2弾がまだ出版されていない状態だったから、いずれはまたそっちの企画の話し合いの場が設けられるはずである。そのときに人生論的エッセーの進捗状況も訊いてみることができる。

（焦らない焦らない、焦る必要などない。今はとにかくおとなしくしていればいいのだ。『7つの習慣』の第2弾もじきにゲラができるだろうから、おそらくその頃、また打ち合わせで先方とお会いすることになるだろうから、そのときに訊いてみればいいことだ）

しかし、物事がどうなるかは神のみぞ知ることである。その後、とんでもないことが起こったのである。

第14話

編集作業に入る前の段階で出版中止を告げられた

数ヶ月後、編集長から電話がかかってきた。人生論的エッセーは出版中止にするという内容だった。編集長によれば、『7つの習慣』シリーズのようなセミナー関連本はセミナーとセットで売り続けることができるから一定の売り上げが見込めるが、それ以外の本は売り上げが見込めないので、出版中止にするとのことだった。さらに、まだ正式決定ではないが、ゆくゆくは編集部を解体し、編集者も全員リストラし、編集作業は外部に任せるという話も出ているという。

私は人生で「出版中止」を7回経験しているが、出版中止を告げられたのはそのときが初めてだったこともあり、ただただ驚き、黙って聞いておくしかなかった。*

編集長は続けた。

「宮崎さんには何の落ち度もないのにこんなことになって、申し訳ありませ

＊90ページに出版中止の話が出てくるが、そちらのほうは原稿を提出してから２年以上経ったあとで告げられたため、出版中止を告げられた時期としてはこちらのほうが早かった。

ん。でも『7つの習慣』の第2弾のほうは間違いなく出版されますから安心してください。で、社長*は賠償金は少なくとも200万、できれば250万払うって言っています。初版印税を払うのは当たり前のことですが、作家側の立場に立てば、作家は初版印税だけのために書いているんじゃないですからね。ベストセラーになれば何千万になるかもしれないのに、それを勝手に中止するわけですから、初版印税にプラスアルファーがあるのは当然です。個人的には250万は払ってあげたいとは思っているのですが、私は社長じゃないので私の一存では決められないのです。社長に交渉してみるので、もう少し、お時間をください。決まったらご連絡します」

（え、少なくとも200万？　出版社からの依頼ではなく、自分が勝手に書き進めた原稿、しかも訂正作業だの加筆だの求められていない段階なのに200万も払ってくれるの？　でも、出版社自らが払うと言ってきているのだから、あれこれ言わないほうがいいだろう。ここは黙って経過観察だ。しかしなぜそんな大金を？）

と考えを巡らせていると、ふと思い当たるふしがあった。

＊ **社長**は米国人だった。一般的に米国では賠償金は高いのか、驚くほど高い賠償金を自ら提案してきた。

（社長がこんな高額な賠償金を払うと言い出したのは、私との縁を切りたくないからではないか。万が一、ここで私との関係が悪化して縁が切れてしまったら『７つの習慣』の第２弾の出版もできなくなりかねないので、それを恐れているのではないか。だから私との関係をなんとか丸く収めようと、こんなことを言い出したのではないか）

私は「分かりました」とだけ言って電話を切った。

さて、ここで、一度言ったことを取り消せるか否かについて考えてみたい。

私は賠償金を払ってもらうのが初めてだったこともあり、編集長の「少なくとも２００万払う」という言葉を真に受けたし、「分かりました」とも言った。法的にはそれで両者に合意が成立したことになるので、会社には「少なくとも２００万」を払う義務が生じてしまう。*

片一方が冗談で何かを言い、相手もそれが冗談だと分かっていたのであれば、法的には「心裡留保《しんりりゅうほ》」*と見なされるので、後から話をひっくり返すことができる。ただし片一方が冗談で何かを言ったとしても、相手が真に受けた場合（かつ、相手に落ち度がなかった場合）はそれで合意が成立したことに

＊ 電話で言っただけであれば、録音テープにでも吹き込んでいないかぎり証拠は残っていないので、「そんなこと言った覚えはない」としらを切れば200万円を払わずに済むかもしれない。証拠がなければ裁判をやっても勝てるとは限らない。

＊ **心裡留保**＝意思表示をする者が、自分の真意でないことを承知しながら、故意に偽りの表示をすること。金銭を与える意思がないのに冗談で与えるといった場合など（日本国語大辞典より）。

なるので、後から話をひっくり返すことができなくなるのだ。

分かりやすく例を挙げて説明しよう。例えば、「少なくとも200億円は払います」と言ったのなら、それが冗談で言っていることが伝わるだろう。そういう場合は「心裡留保」と見なされるから、後から相手から200億円を請求されても、「何を言っているんですか、冗談に決まっているじゃないですか」と言って要求を退けることができる。万が一、相手から「私は本当に200億円を貰えると思っていました」と請求されたとしても、一般社会の常識に照らし合わせれば、「冗談」に決まっていることは明らかであるから、それが「冗談」だと分からないとしたら分からない人の落ち度になり、200億円の要求を退けることができる。だが、「200万円」という〝十分あり得るような数字〟を持ちかけられ、それを真に受けた場合は、後から「冗談」だったといって一方的に取り消すことはできないのだ。実行できないことは軽々しく口にしないことがトラブル回避の上で重要だということだ。

編集長はそのとき「もう少しお時間をください」と言っていたが、その後、いくら待っても何の連絡も来なかった。1ヶ月、2ヶ月、3ヶ月、4ヶ月、5ヶ月……。

(おいおいおいおい、いったいいつまで待たせるんだよ。「もう少しお時間をください」の「少し」って何ヶ月のことなんだよ)

しかしなんとも催促のしにくい事案である。私とて、ここでトラブルになって『7つの習慣』の第2弾が出版中止にされたら困るので、事を荒立てたくはないのである。きっと、社長にとってもそれは同じだろう。だから何も言ってこないのだろう。これぞまさに〝宙ぶらりん地獄〟だ。時間が経つのがじつに長い。だが、ただひたすら待つ以外ないのだ。

私は『7つの習慣』の第2弾が出版されたら、すぐにでも賠償金について問い合わせるつもりになっていたのだが、いくら待ってもゲラすらできあがってこなかった。『7つの習慣』の第2弾より後に企画が通った著訳書が次々と出版されていくのに、同書のほうは「ちょっと遅れているんです」「もう少し待っていてください」などと言われ続け、延々と延期された。*「何かがおかしい」とは薄々感じてはいたものの、どうしようもなかった。

＊結局、当初の出版予定日より、丸1年、遅らされた。

ゲラができるのが遅れていた真相は分からないが、あえて深読みをすれば、編集長としては『7つの習慣』の第2弾が出版されたらその時点で「お役御免」となってリストラされかねないから、自分がリストラされる時期を少しでも遅らせようとして、出版時期をずるずると遅らせようとしていたのではないかと思えた。というのも、他のセミナー関連本なら外部の編集者にも頼めるが、『7つの習慣』の第2弾は、その前編である『7つの習慣』の第1弾を編集した人（つまり編集長）が編集したほうがいいに決まっているからだ。

とはいえ、さすがにいつまでも延期するわけにもいかなかったのだろう、やがて予定から大幅に遅れながらも『7つの習慣』の第2弾のゲラチェックが進行していった。初校ゲラチェックが終わり、再校ゲラチェックが終わり、三校ゲラチェックが終わり……。後はすべて編集部に任せるという段階になり、私の手から完全に離れた。

そのとき、とんでもないことが起きたのだ。

第15話 編集長が社長を説得してくれた

ある日、編集長から電話があった。打ち合わせに来社してほしいという。

編集長は打ち合わせに行くと必ず高級レストランに連れて行ってくれた。その日もいつもどおり高級レストランに連れて行ってくれたのだが、編集長は注文を終えるやいなや、人生論的エッセーの賠償金の話をし始めた。

「例の本の賠償金だけど、ウチとしては50万で考えているんだけど、どうですか？」

「？？？」

（50万？　この前「少なくとも200万」って言っていたのに、あれはどうなったの？　250万まで上げられるかどうか、社長に交渉してくれるんじゃなかったの？）

私の「？？？」という表情を目の当たりにした編集長は「やっぱり覚えていたか」という顔をし、こう宣った。

「分かったよ。じゃあ、金額に関しては社長にもう一度言ってみるよ」

正直に言えば、最初から賠償金は50万だと言われていたのであれば、50万でも良かったのである。文筆家として実績らしい実績のない私に２００万は少し高いような気がしていたからである。しかも、自分が勝手に書き上げた原稿で、出版社側から訂正や加筆の依頼もされていない段階だったのだから、50万でも貰えたら御の字だったのだ。

私は「？？？」という顔をしただけである。「抗議」どころか「要求」も「質問」もしていない。もし仮に編集長が私の「？？？」という表情を「抗議」したと解釈したとしても、私にはその責任はない。なぜなら、言っていることがあまりにも違っていれば、人間誰しも驚くのはごく自然の反応だからだ。例えば、キャバクラに行って「すぐに女の子が来ますので……」と言われて待っていたところに、高齢のおじいさんが横に座ってきてウイスキーを注ぎながら「今日はお仕事帰りですか？」と話しかけてきたら、「？？？」とならないだろうか。それと同じである。

もし編集長が、こう言っていたら……。

「この前は『社長は少なくとも200万、できれば250万払う』って言ったけれど、あれは社長が外国人で日本では賠償金はそんなに高くはならないってことを知らないから口走ったことだったんだ。その点ご理解いただけませんか。50万は払いますし、代わりと言ってはなんだけど、セミナー関連本の翻訳書の依頼を少なくとも2冊は宮崎さんに回すことを確約しますよ」

そう、こういう〝埋め合わせ〟を提案してくれれば、私もそれで了承していたかもしれないのだ。なのに編集長はあたかも「少なくとも200万払う」とは言っていなかったかのように、枕詞も付けずにいきなり「ウチとしては50万で考えているんだけど、どうですか？」と訊いてくるから、「？？？」という顔になっただけである。

だんだん真相が見えてきたように思えた。*

〈最初に「少なくとも200万払う」と言ったのも、今回「50万でどうですか」と言ったのも、社長がそう言えと指示したのだろう。とすると「少なくとも200万払う」と言っていたのに、『7つの習慣』の第2弾の原稿が完全に私の手から離れた瞬間、つまり私が関わらなくても出版社単独で出せる

＊これはあくまで私がそう「思った」という、私の「推測」であり、それが「真相」だと断定しているわけではない。私の推測は外れることも多々あることは自認している。このときも真相がどうだったかは今もって分からない。

ようになった瞬間に「50万」で打診してきたということは、「少なくとも200万払う」という言葉は単に私とのトラブルを回避するためだけに言っていたのではないか？）

数日後、編集長から電話があり、２ヶ月後に編集部員が全員、リストラされることが正式に通知されたと伝えられた。前々から、ゆくゆくは編集部が解体されることになりそうだという話はあったのだが、それが本決まりになったという。リストラされることに納得がいかない編集長は、社長にもう１年継続させてほしいと直談判《じかだんぱん》するという。ただ、英語が話せない編集長が直談判するには、英文レターでする以外にない。電話をかけてきた目的はそこにあった。

「宮崎さん、お願いがあるんです。社長に直談判したいのだけど、私は英語が喋れないんで手紙で訴えかけようと思っているんです。私が日本語で手紙を書くので、それを英語に翻訳してもらえませんか」

私は二つ返事で引き受けた。もちろん無料で、である。それはそうだ。お世話になった編集長だ。お金など受け取れるわけはない。

編集長が書いた手紙を読んでみると、次のようなことが書かれていた。

「出版というものは浮き沈みがあるので長い目で見てほしい。少し結果が出なかったからといって、すぐに失敗の烙印《らくいん》を押していたら出版業ができる人などいなくなる。あと1年だけ継続させてほしい」

数日後、編集長から電話があった。直談判も効果がなく、リストラされることが正式決定されたらしい。

「私もあと1ヶ月で退社することになったので、ずっと引き延ばしになっていた例の賠償金の件、社長を『なめんなよ！』ってとっちめてやるよ。『少なくとも200万払う』って言ってたんだから、200万を払わせてやる。いや、いいんです。私ももう辞めるんだし。宮崎さんは心配することはないです、私が払うわけじゃないから」

数日後、賠償金は200万円に決まったと連絡があり、その翌月末には支払われた。裏事情を知らない人なら、200万円の賠償金が支払われたと言えば、「そんなお花畑のような美しい話があるのですね」と思うかもしれない。が、現実は『7つの習慣』の第2弾を出版社単独で出せることが確定し

＊ 私が『7つの習慣』の第2弾の訳者だったから200万もの賠償金が払われたのだろう。ただ、「この人は多大な恩恵をもたらしてくれた人だからこれくらい払ってあげよう」と労をねぎらう意味で払うのと、「ここでこの人を怒らせたら『7つの習慣』の第2弾の出版に影響が出るかもしれないから」と恐れてトラブル回避のために予防線を張り、それが取り消せなくなったから払うのとでは、「200万払う」という現象としては同じでも、真相はかなり違う。

た後になって「50万でどうですか」と減額を求められていたのである。*

編集長が最後の出勤となる日に編集部に伺う機会があった。編集長は、こんなことを言った。

「宮崎さんほどたくさん貰った人はいないからね」

それが賠償金のことを言っていることは明らかだったが、もう貰ってしまった以上、どうしようもない。当時の私は法的知識ゼロ。その上、電話口で「ウチでやらせてもらいたいと思います」と言われていただけで、出版契約書すら交わしていなかった段階なのだから、私を黙らせることくらい赤子の手を捻るくらいに簡単なことだったはずだ。「???」と思わずにはいられない、ちょっとしたハプニングはあったものの、最終的にはきちんと200万円を払ってくれたという点では「逃げずにきちんと誠実に対応してくれた」という印象がある。ちょっと気の毒だった気もしないではないが……。

ちなみにその原稿は別の出版社に売り込んだところ、すぐに出版が決まり、10回以上も増刷になった。* わっはっはっはっ、これでいいのだ。

* その原稿を売り込んだとき、担当編集者には「これ、宮崎さんの恨み節じゃないですか、こんなの売れませんよ」とケチをつけてボツにされた。ところが数ヶ月後、彼のお抱えの作家が原稿を遅らせたのか何なのか知らないが、「この前の原稿、やっぱりもう一度検討させてもらえませんか」と頼んできた。かくして再度原稿を提出すると猛スピードで出版された。やがて何度も**増刷**がかかり始め、5刷になったときに「前々からこの原稿、面白いと思っていたんですよね。類似の本も書いてみませんか」と態度を豹変させた。最初に言っていたことと真逆じゃん！　売れたら態度を豹変させるのね、それが編集者（笑）。

第4章

タイトル変更からの修正ムチャぶり、からの印税バトルと出版中止

第16話

渡辺副編集長との出会い、そして2度にわたる執筆依頼

ある年の暮れのことである。それまでお付き合いのなかった大手出版社L出版の渡辺と名乗る男性から電話があった。私がL出版に送った売り込み用の手紙に記載していた電話番号を見てかけてくれたのだろう。同社主催の出版翻訳家を集めた立食パーティーを開くので、お越し願えないかという用件だった。よっぽど参加してほしかったのだろう、渡辺氏は〝仕事にも結びつきうるパーティー〟であることを二度も口にした。

そんなお誘いがかかったのは初めてだったし、日頃、他の出版翻訳家と話をすることもないので知り合いの翻訳家を作る良い機会でもあるし、無料で参加できる〝仕事にも結びつきうるパーティー〟なのだから、仕事に飢えていた当時の私にとって参加しない手はなかった。L出版はそういうパーティーを開くことで、優秀な出版翻訳家を発掘しようともくろんでいたのだろう。

パーティーは都内某所の大きな会場で開かれ、何十人という出版翻訳家が

集まった。正確な数は分からないが、50人くらいいたと思う。よくこれだけ集められたなと思ったものの、* その反面、大金をかけてまでこんなパーティーを開かなければならないほど、L出版には〝お抱えの出版翻訳家〟がいないのかと疑いたくもなった。もし十分な数の〝お抱えの出版翻訳家〟がいるのなら、わざわざこんなお金のかかるパーティーなど開いて新たな翻訳家を発掘する必要がないからだ。

パーティーから数日後、L出版の中村編集長から電話があった。翻訳の仕事を依頼したいから、編集部までご足労いただけないかと言う。私は嬉しさよりも驚きのほうが勝っていた。

（えぇ〜、あれだけ大勢の出版翻訳家が参加していたというのに、いったい私の何がそんなに気に入ったの？　しかも私はパーティーでは中村編集長とは一言も口をきかなかった。よほど〝お抱えの出版翻訳家〟がいなくて困っているのだろうか。まあ、詮索しなくていいものを詮索してもしかたがない。私にとってはありがたいオファーなのだから喜んで受け入れよう）

そう思った私は即答で編集部に行くと答えた。

＊何かの雑誌に「これだけの人数を集められたのも中村編集長の人望によるものである」などと書かれてあるのを読んだことがあったが、私個人の話をすれば〝仕事につながりうるパーティー〟だから参加したのであって、中村編集長のことなど何も知らなかった。〝仕事につながりうる〟と言われれば、仕事が欲しい翻訳家は中村編集長のことを知らなくてもホイホイ出てくると思うぞ。

数日後、編集部に出向くと、中村編集長は副編集長の渡辺氏と担当編集者の山本氏を紹介してくれ、その場で翻訳書出版の仕事を依頼してきた。翻訳書の担当編集者は山本氏になると言われ、その後、そのまま中村編集長、山本編集者、私の三者による打ち合わせに移行した。

中村編集長は原書を見せて翻訳を依頼したものの、あとはどうでもいいような雑談ばかりで、*肝心の条件については一切口をつぐんだままだった。過去に何度もトラブルに遭遇していた私は初版印税率だけは確かめておかなければならないと思い、こう尋ねた。

「ところで、印税は何%なんですか？」

すると中村編集長は、

「ええっと、それは……」

と言いよどんで、山本氏に目配せした。

（え!?　私に正式に仕事を依頼するというのに、印税率も決めずに編集部まで呼び出したの？）

しかし山本氏も口をつぐんだまま。白々しい時間が流れていく中、やがて

＊「今、『○○』という本が売れていて、これもそれに似せて作ろうと思っているんだ。その本が20刷になっているので、増刷がすべて仮に1000部だったとしても２万でしょ」**みたいな話**を聞かされたわけだが、原書を読んで面白かったからという理由ではなく、同じジャンルで売れている本があるからという理由でこの本を選んだらしい。しかし中村編集長の期待は外れ、その訳書は初版どまりだった。

中村編集長はおそるおそるこう口にした。

「6％ということでよろしいでしょうか？」

6％というのは、特段良くはないが、出版不況という情勢を考慮すれば、悪いとも言えない数字である。仕事を引き受けてもらいたいと思っている出版社側からすれば、万が一断られたら困るからか、言いにくい数字なのかもしれない。しかし、私としては薄い本であったこともあり、不満はなかった。というより出版社からオファーしてくれるわけだから、仕事に飢えている私としては断るわけはなかった。自分でめぼしい原書を探して売り込むことは、それはそれで大変だから、出版社からオファーしてくれるのはありがたいことなのだ。

「はい」

即答した。

これで正式に翻訳の仕事を引き受けることが決まり、山本氏と二人三脚で進めていくこととなった。急いでほしいと言われた私は、超特急で翻訳を開始した。

それから数日後、今度は渡辺氏から著書の執筆依頼の電話があった。

「宮崎さん、英語学習参考書を書いてみませんか。今、『英語は絶対、勉強するな！』*という本が売れているでしょう。それにあやかってですね、宮崎さんなりに類似の書籍を書いてみるというのはいかがですかね」

「お声をかけていただき、ありがとうございます。がんばりますのでよろしくお願いします」

「では、まずは企画書とサンプル原稿を送ってもらえますかね」

「分かりました」

ただ、これで正式に出版契約が成立したと解釈するほど私は未熟ではなかった。過去に裁判沙汰になった経験から「出版契約が成立したといえるには、もっと具体的な条件について双方の意思が合致していてしかるべき」であることを知っているし、企画書もサンプル原稿も出していない段階では、まだ何ともいえないからだ。

山本氏と二人三脚で翻訳の仕事を進めていたこともあり、その企画書とサンプル原稿はその後2週間程度放置したままにしていたが、そんな折、また

＊当時、韓国人著者が書いた本の訳書**『英語は絶対、勉強するな！』**（サンマーク出版）がベストセラーになっていた。ベストセラーに似せた本を作りたがる編集者は多いが、渡辺氏もそのひとりだった。

渡辺氏から電話があった。

「宮崎さん、いかがですかね。企画書とサンプル原稿のほうはそろそろできますかね」

じつはまだ頭の中で構想を描いていたくらいで、実際には何も作成していなかった。しかし、渡辺氏から2度も電話がかかってきたということは、脈があるということだろう。そう思った私はとりあえずこう答えた。

「じつは今、構想を描いていたところなんですよ。これから作成するところだったんです」

「じゃあ、私は待っておけばいいですかね。私としては企画として考えていますのでお願いしますね。早ければ早いほど助かるのですが……」

「ええ、分かりました。できるだけ早くお送りします」

2回も電話をかけてくるところを見れば、よほど企画がなくて困っているのだろう。ということは、企画としては通りやすそうだ。そうにらんだ私は、さっそく企画書とサンプル原稿作成に取りかかり、数日後には渡辺氏にメールで送ったのだった。

第17話

原稿完成後に「きな臭《くさ》さ満開メール」が届いた

4月3日、渡辺氏から返事がきた。〝脈あり〟とにらんでいたとおり、そのメールには具体的なことが書かれてあった。

タイトル案として「英語が絶対好きになる本」「英語3倍速学習法」「英語マラソン学習法」の3つが挙げてあり、造本イメージとして「192ページから224ページ、四六判並製、1400円、横組み」と記されてあり、目次の項目をどう増やすべきか、本文に何を書くべきかについて具体的な指示もあった。さらに「電子辞書をこう使う、TPOやシチュエーションなどもイメージできるように書いてください」という、明らかに執筆を依頼する文言もあった。

この渡辺氏からのメールを見た人は、誰もが「すでに出版に向けて双方が合意したもの」だと思うだろう。だからこの時点で「黙示の出版契約」が成立したと見ることもできよう。

さて、ここで「黙示の契約」という法律用語について説明しておこう。契約には大きく分けて要物契約と諾成契約の2種類がある。前者は何らかの物の引き渡しがなければ契約が成立したことにならない。まさに物を要するから「要物契約」というのである。一方、後者は物の引き渡しがなくても、両者の意思が合致するだけで契約が成立する。口頭で「お願いします」「了解しました」と言えば、意思の合致があったと見なされるので、それだけで契約が成立するのだ。例えば、飲食店で客と店員の間で「カレーライスくださ い」「承知しました」という会話がなされたら、両者に意思の合致があったと見なされるので、その瞬間、契約が成立するということだ。それはそうだろう。カレーライスを頼むのにもいちいち契約書を交わさなければ契約が成立しないなんてことを言っていたら、いくら時間があっても足りないからだ。このように、口頭で依頼の意思と承諾の意思が合致するだけで成立する契約を「諾成契約」というのである。

では「黙示の契約」とは何か。口頭で「お願いします」「了解しました」と言った場合は両者の意思が合致したといえるが、仮に口頭でそのように明確に言わなくても、両者の意思が合致していることが明らかな場合は、それでも契約が成立すると見なされることがある。それが「黙示の契約」である。

実際、私はこの「黙示の契約」を頻繁に成立させている。私は毎日のように行く某ファストフード店で毎回コーヒーを注文するのだが、店員もそれを知っているので私がレジに並んだ時点でコーヒーを作り出す。私がレジに並んでいることそのものが「コーヒーを依頼する」という意思表示になっているわけだ。「コーヒー」と口に出さなくても両者の意思が合致するのだから、そこで「黙示の契約」が成立する。

渡辺氏がもしもまだ「トライアル」の段階にしておきたかったのであれば、「トライアル」であることを明確に私に伝えるべきだったが、そんな話などまったくなかったのだからましてや、である。ただ、渡辺氏にしてみれば、まだ正式に原稿執筆を依頼していない「トライアル」のつもりだったのかもしれない。都合が悪くなったら、いつでも無傷で逃げられるようにしたまま、私に執筆させ続けたかったのかもしれない。ただ、そんなことをやられると、書いているほうはえらい迷惑なのだ。例えば、付き合っている男性から新婚旅行はどこに行きたいか、指輪は何がいいかとか、子どもは何人作りたいかとか、夜明けのコーヒーを入れてくれるかなどとさんざん結婚をにおわされ、結婚式場も一緒に見学したというのであれば、〝黙示的に〟婚約が成立していたといえよう。それを後になってから「口に出して『結婚してください』とプロポーズしていないから婚約は成立していなかった」と言って一方的に婚約を解消されたら、相手の女性はたまったものではないだろう。それと同じである。契約が成立していたか否かは、お互いが口に出して言っていたか否かが重要なのではなく、経緯などを総合的に見て、意思の合致があったか否か、が重要なのである。口に出していなくても「黙示の契約」は成立するのだ。

その後も私は渡辺氏と二人三脚で原稿を書き進めていった。頻繁に電話やメールでやりとりをし、どこを書き足すか、写真を入れるとしたらどんな写真を入れるか、写真のデータを送る際の記録媒体は何がいいか、7月末までに原稿を完成してもらえるかなどなどを、綿密に相談しながら進めていった。しかも電話でも複数回「いいですよ〜、この調子で進めてください」などとお褒めの言葉をいただいていたのであるから、まさか企画が通っていないとは露ほども思っていなかったのである。当然「黙示の契約」が成立していると信じていたのだ。

7月9日、渡辺氏から「タイトルは『英語は勉強しなくていい!』にしたいがそれで大丈夫でしょうか?」と承認を求めるメールが来た。私はすぐに承認した。タイトルまで決まったことでモチベーションアップした私は、7月末までに「英語学習の55本のルール」を書いて原稿を完成し提出した。その後、渡辺氏から原稿の追加執筆を依頼され、7本追加し、合計62本のルールができあがった。

ところが、完成原稿を提出してから、返事が来なくなった。1週間、2週間、3週間、4週間……。いくら待っても、渡辺氏から何の連絡もなかった。(むむむ、これはどう解釈すればいいのか。もしや出版できないのではないか。いやいやそんなことはない。タイトルまで決まったし、定価やページ数も決まったのだ。副編集長と二人三脚で進めてきたのだから、間違いないはずだ。それにしても返事が遅い。問い合わせをしようか、もう少し待ってみようか……)

悩んでいた矢先、9月3日に渡辺氏から〝きな臭さ満開メール〟が来た。

「原稿のことで相談したいことがあるので、9月16日に時間を取ってもらえませんか。今回はちょっと場所を変えたいのですが、たまにはそちらの近くに伺ってもいいので、帝国ホテルのロビーとかはどうですか」

(にゃに〜、4週間以上も待たせたあげく、完成原稿を良いとも悪いとも言わず、ちょっと相談したいとはどういうことだ。しかも「たまにはそちらの近くに伺ってもいい」とはどういう風の吹き回しか。今までそんな気遣いを見せたことなどなかったではないか。なぜ急に「そちらの近くに伺ってもいい」と言ってきたのだ。きな臭さ満開のメールではないか)

しかしこういうメールをもらった以上、会って話す以外にない。私は質問も反論もせず、帝国ホテルのロビーで会うことを了承するメールを返しておいた。

第18話

ネチネチ難癖攻撃に対し、タイトル案を50出して反撃

9月16日、帝国ホテルのカフェで渡辺氏と落ち合うと、彼はいきなり〝完成原稿〟に難癖をつけ始めた。

「ちょっと言いにくいのですが、この原稿、編集長にも指摘されたんですけど、イマイチなんですよねぇ。宮崎さん、これ、120%の力を出し切って書いたのですか」

（にゃに～、今更なんてことを言い出すんだ。それに「120%の力を出し切って書いたのですか」と私に訊く前に、そういうあなたは120%の力を出し切って編集者の仕事をしたのか、え？）

「そんなことを言われるとは思っていませんでした。だって渡辺さん、電話でも何度か『いいですよ～、この調子で進めてください』っておっしゃってくださっていたじゃないですか」

「そのときはそう思ったんです。でも編集長に言われてみると、たしかにコ

ンセプトが弱いというか、なんとなく売れそうにないというか。宮崎さん、この本、売れると思います？」

「それは出してみなければ分からないじゃないですか」

「それはそうですけど、予想として売れそうか売れそうでないかと訊いているのです」

「それは『売れる』の定義によっても答えは変わってきますよ。渡辺さん、なんで今になってそんなこと言い出したのですか。私と渡辺さんはずっと二人三脚で進めてきたじゃないですか。イマイチだなんて、もしそう思っていたのなら、１冊分の原稿をなぜ最後の最後まで書かせたのですか。最初の１章か２章だけで判断できなかったんですか」

「そりゃ、最後の最後で逆転満塁ホームランが出るかもしれないと思って期待していたんですよ。でも結局、最後の最後まで逆転満塁ホームランが出なかった」

（なんで「逆転満塁ホームランが出なかった」などと過去形で言っているんだよ。あれだけ「いいですよ〜」と何度も何度もおだてておきながら、自分

には責任はないとでもいうのかよ?)

「では、どうすればいいのですか。私は修正や訂正、加筆はいといいませんよ。なんなら半分くらいは書き直すことになってもかまいません。今更、出版中止にするってことはないですよね」

渡辺氏はネチネチと難癖をつけて私の自信を喪失させ、私が自ら出版を諦めると言うのを待っているかのようだった。しかし、そんなもので諦めるなんて言ってたまるか。私は必死に食い下がった。渡辺氏は自ら2回も電話をかけて執筆を依頼し、最後の最後まで二人三脚で進めてきたというのに、編集長がダメだと言った途端にひっくり返すなんて、とんでもないことだ。

結局、渡辺氏が編集長をもう一度口説いてみるということで、この日の会合は終わった。

10月6日、渡辺氏からメールが来た。編集長を口説いたが、OKは出なかったらしい。「タイトルにインパクトがない」というのがその理由だったそうだ。＊そして渡辺氏は私にメールで「何かパッと閃《ひらめ》くタイトルはございます

＊「**タイトルにインパクトがない**」って、おいおい、そんな大切なことを編集長に話していなかったの？　編集長は編集長で副編集長が進めている企画のタイトルすら知らなかったの？　出版社内部のコミュニケーションの問題なんじゃないの、それ？

でしょうか。良いタイトル案があれば、編集長を口説いてみます」と私にタイトル案を求めてきていた。

（にゃに～、そもそも『英語は勉強しなくていい！』というタイトルは渡辺氏から「このタイトルでいきます」と言ってきたものじゃないか。なのになぜ今更、これではダメだと言い出したのだ。よ～し、それならいくらでもタイトル案を出してやろうではないか。覚えておけよ）

私はタイトル案を50本ひねり出した。私は原則としてタイトルは出版社に一任しているが、こっちも意地だ。渡辺氏が降参するまで出し続けてやる。

さっそく渡辺氏に送った。それが次のタイトルである。

『英語の勉強ごときで人生を無駄にするな！』『英語が楽しくなるとっておきの60の方法』『英語の世界を手に入れて人生を2倍楽しむ本』『英語の楽しみ』『英語の本当の楽しみを味わってみないか』『英語ができれば、人生がガラリと変わる』『英語ができれば、人生が何倍も楽しくなる』『英語の世界を手に入れる本』『英語、そんなやり方やめたら』『英語、まだやっているのか、そんなやり方』『今まで嫌いで仕方なかった英語が急に楽しくなる本』

『不思議と続いてしまう英語学習法』『やめられなくなる英語学習法』『やめられない、とまらない、英語学習法』『英語は楽しんだほうがうまくなる』『なぜか英語が楽しくなってしまう本』『勉強しないで英語ができるようになる本』『勉強しなくても、英語はできるようになる』『勉強不要！　絶対長続きする英語上達法』『英語は勉強するな！　楽しめばできるようになる！』『不思議と英語ができるようになる本』『まだ英語の勉強しているの？』『英語が好きになる魔法の法則』『英語が嫌いだった人でも不思議と続いてしまう魔法の英語学習法』『いつの間にか英語が好きになってしまう本』『いつの間にか英語が好きになる60の法則』『英語ができる人にはわけがあった』『英語アレルギーはこれで治る』『楽しめば上達する！　誰も言わなかった英語の楽しみ方』『英語、こんな楽しみ方もあります』『英語はこんなに楽しいものだったのか』『英語の達人がひそかに教える英語の楽しみ方』『英語が好きにならずにいられなくなる60の法則』『英語、点だけ取って楽しいか？　英語の本当の楽しみ方』『翻訳家が語る、私はどのようにして英語をマスターしたか』『英語を楽しむには年齢は関係ない』『今日から楽しもう、英語』

『だれもが簡単に英語ができるようになってしまう魔法の法則60』『英語を勉強して楽しいと思ったことがあるか！』『あなたが知らなかったこんなにおもしろい英語学習法』『いったい何のために英語を勉強するの？』『もうそろそろ楽しんでみたら、英語』『忙しい人でも不思議と続く英語学習法』『楽しければ続く、英語学習法』『どうして英語ができるかって？　それは楽しんでいるからだ』『英語、もう苦しむのはやめろ』『急がば回れ、英語マラソン学習法』『英語は勉強しないほうが実力がつく』『人生を豊かにする英語学習法』『英語の才能が覚醒する本』

（さあ、どうでる？　タイトルが弱いというから、これだけ案を出してやったぞ、それでもまだ文句があるのか、あるとしたらいったいどんな文句だ!?）

第19話 タイトル案を追加で50出して波状攻撃

10月9日、渡辺氏から「編集長にタイトル案を5つ出してみたが、今日と明日は編集長が大阪出張なので返事ができない」というメールが来た。

10月10日、私は抗議のメールを送った。

「今回の企画に関して編集長がどうお考えなのか分かりませんが、ひとつだけ、編集長に申し上げておきたいことがございます。どうやら、今までのお話を聞くかぎり、編集長はこの本を出すか出さないかを決める権限は出版社側にのみあるとお考えのようです。たしかに、私がひとりで勝手に書いた原稿ならば出版社側に出すか出さないかを決める権限があります。

しかしながら、昨日も申し上げたとおり、貴社は、出版する意思を私に伝え、私が承諾していたので、その時点で出版契約は成立してしまっているのです。『出版する意思表示』は、出版企画書とサンプル原稿を求め、それを読んだ後で、定価、発刊時期、本の体裁、本のタイトルを私に伝え、さらに追加の原稿の執筆を依頼したことから明らかなことです。今になって『もともと出版する意思なんてなかった』というのは、第三者が聞いても到底受け入れられない理屈だと思われます。なぜなら、出版する意思がなければ、なぜタイトルや定価や発刊時期が決まっていて、さらに著者に追加原稿を書かせたのかということになるからです。またタイトルが悪いとかコンセプトが甘いという話もありましたが、ならばなぜ、これまでに何回かに分割して提出していたのに、今まで何も言わなかったのかということになります。しかも、私は渡辺さんから何度も『いいですよ～、この調子で進めてください』と言われていたのです。したがって、出版契約が成立していたことは明らかです。そして出版契約が成立してしまっている以上、出版社側には出すか出さないかを一方的に決める権限はなく、出す義務が発生しているわけです。そしてその義務を一方的に放棄することはできないのです。しかもその理由が『なんとなく物足りない』とか、『あまり売れそうにない』とか、客観的根拠がないものであればなおさらです。

前にも申し上げたとおり、以前、『売り上げが見込めない』という〝理由にならない理由〟で出版を一方的に中止されて、その補償として200万円をいただいたというのは実話です。そしてその原稿をそのまま他社に持ち込んで出版してもらったところ、10回以上増刷がかかったというのも実話です。編集長がその証拠をご覧になりたいのであればお見せします。

以上の点を考えましても、これから先、出版を中止されるとなると、調停をしたり、社長を巻き込んだりとお互いが相当のエネルギーを使うこととなり、あまり賢明とは思えません。私としてもそのようなエネルギーを使って消耗するくらいなら、そのエネルギーをすべて、どうしたらよい本になるかというポジティブな方向に向けたほうがお互いにとって良いことだと思います。最後の渡辺さんの説得を期待しています。最後の最後で、どうぞ編集長を説得してください。

宮崎伸治」

しかし、10月11日、12日と渡辺氏からは返事はなかった。普段の私なら、相手から返事が来ない段階で次のメールを送ると相手にプレッシャーをかけてしまうため、2回連続でメールを送るということはしないのだが、そのときは「タイトルがインパクトに欠ける」などと言われて激高していたので、追加のタイトル案を送ることにしたのだ。

次が10月13日に出したメールである。

「さらに追加でタイトル考えてみました。次のとおりです。

『英語を学んで人生を10倍楽しんでみないか』『英語に苦しめられる人、英語を楽しむ人』『英語に泣かされるな！』『英語学習が一生続く本』『ツールを生かせば英語は楽しくなる』『今までの英語学習でいいのか』『今までの英語学習は間違っている』『お教えしよう、英語の本当の楽しみ方』『名物翻訳家が語る私の英語学習法』『こんな楽しみ方があったのか、英語』『サラリーマンならこの方法で、英語』『涙なしの英語』『もう勉強はやめなさい、英語』『秘密の英語学習法』『英語に泣かされ続けている人に捧ぐ』『気楽にやろうよ、英語』『英語英語英語』『英語づけ』『とっても楽しい英語』『英語のことなら私にまかせろ』『英語人生』『最強の英語強化本』『最強の英語の楽しみ方』『英語愛がすごい』『Oh! English』『すっごい英語』『わっはっはっ英語』『英語でもどうです？』『毎日英語』『年がら年中英語』『英語漬けになろう』『英語に腐るな』『楽しいぞ英語』『うれしいぞ英語』『喜び英語』『脱サラ英語』『考えたこともない英語学習法』『奇跡の英語』『奇跡の英語学習』『やろうよ英語』『やめちゃダメ、英語』『好き好き大好き英語』『これで英語はあなたのもの』『すごいよ英語の世界は』『英語はつらいよ』『英語はつらくないよ』『イングリッシュ！』『最強英語』『続けなさい英語』『英語は続くよどこまでも』

私としましては、①『英語は勉強しなくていい！』というタイトルは貴社が考えたものであったこと、②「55本のルール」を提出した段階で渡辺さんからお電話で内容に関して「いいですよ〜」と言われていたこと、③追加で原稿執筆を依頼され、62本のルールを書き終えたことなどから、今になってからタイトルやコンセプトが悪いという理由で「やっぱり出すのはやめた」と言われるのは、納得できないことです。

私のほうでの追加・修正の労はいとわないこと、初版印税を多少ならシェアしてもいいことなど、歩み寄りを申し出ているのですから、ぜひとも編集長を説得してください。10月14日を最終期限とさせていただきますので、最終結論がどうなったのかを10月14日中にお教えください。私の納得のいかないご回答であれば、裁判所に調停を申し立てます。もうこれ以上、お互い無益な話し合いにエネルギーを費やすのはやめて、いい本づくりに全力投球しましょう。」

第20話 驚くことに編集長からゴーサインが出たのだが……

10月14日、渡辺氏からようやくメールが来た。意外なことに、あれほど渋っていたのに、編集長からゴーサインが出たらしい。調停を申し立てると言ったのが効いたのだろうか。ただ、ゴーサインはゴーサインでも、条件付きのゴーサインだった。その条件とは次の2つだ。

①タイトルは「DVDと電子辞書さえあれば英語はマスターできる」とする。

②タイトルに合わせるように原稿を修正すること。とにかくこの2大ツールだけに絞り、徹底的に解説をする。

そして近いうちに打ち合わせをしたいという。

（にゃに〜、勝手にDVDと電子辞書の2大ツールに絞れとか言い出したが、『英語は勉強しなくていい！』という最初のコンセプトとはまったく違うではないか。しかも私はDVDにも電子辞書にもそれほど惚れ込んでいない。DVDと電子辞書だけでどうやって1冊にふくらませろというのだ）

ただひとりで考えてもしかたがない。とにかく一度、渡辺氏と会って話し合ってみよう。そう思って会合に同意した。

10月23日、私たちは有楽町の喫茶店で会った。

私の希望は2つ。今の原稿の5割は残してほしいことと、覚え書きを出してほしいということ。渡辺氏は元の原稿の2割程度しか使えないと宣ったが、そもそも『英語は勉強しなくていい！』というタイトルもそのコンセプトも渡辺氏が言ってきたことである。それを2割程度しか使えないというのは、著者である私にとってあまりに酷な話だと抗議した。すると渡辺氏は「5割程度は残してもよい」と了解し、また覚え書きも出すが、10月末まで待ってくれと言った。*

11月1日、2日、3日……ようやく4日に覚え書きが届いた。早速、見て

＊ 口約束ではあったが、私と渡辺氏との間で話がまとまったため、私はDVDで洋画を見まくることを想定して、42万円の大型モニターを購入した。まさかこの後、話がこじれることなど想定していなかった。

みると、予定発売日として「２００４年４月〜5月（ただし2月末までに原稿が揃うことが条件）」とあり、予定初版印税が「8〜10％」と書かれてあった。渡辺氏は私との打ち合わせで「印税は10％」と言っていたのに、私に何の相談もなく「8〜10％」と書いた覚え書きを送ってきたのだ。

（幅を設けて書きたいのなら、10％を基準としてプラスマイナス２％だろう？　なんで出版社に一方的に都合のいいように変えたのだ）

そこで私は次のような修正依頼のメールを送った。

「渡辺様　覚え書きを受け取りました。

さて、この覚え書きに若干の修正・加筆を希望しております。

（1）「予定初版印税＝8〜10％」を「予定初版印税＝刷り部数の10％を基準としてそのプラスマイナス２％」に変更してくださることを希望します。

（2）次の条項を入れていただくことを希望します。「甲は、本書を完成させるにあたって、平成15年9月に出版の予定だった、甲が執筆し、同年7月末に乙に提出した『英語は勉強しなくていい！』の原稿のうち、5割程度を本書に含めていいこととする」

10月23日の話し合いで、私は、新たに書き直すことを受け入れる条件として（1）今の原稿の5割は使わせていただきたい（2）覚え書きを出していただきたい、の2つの条件を提示いたしました。渡辺さんから、「5割というのは覚え書きには入れられない」という発言がありましたので、私から「では『5割程度』でいいです。5割がたとえ4割になっても文句は言いません」という主旨の発言をしました。

今の覚え書きにはそれが書かれてありませんので、このまま進めてしまうと、後になって「言った、言わない」という言い争いになりかねないと思います。特に、最終原稿を出した後になって、「編集長が『前の原稿から取ってきた箇所がたくさんある、こんなことは聞いていなかった、これでは出版できない』と言っている」ということになりかねません。そのようなトラブルを避けるためにも、お互いの期待値をもっと明確にして進めませんか？覚え書きの修正・加筆に関して、ご検討のほどお願いいたします。今日から1週間以内（つまり11月11日まで）にご検討した結果をお教えいただければ幸いに存じます。

宮崎伸治」

すると翌日、渡辺氏から、「印税8～10％」を「印税を10％を基準として そのプラスマイナス2％」に変えなければならない理由は何ですか、という主旨のメールが返ってきた。

私は、当然10％だと思っていた印税率を渡辺氏が相談もなく勝手に「8～10％」と書いてきたので、「印税を10％を基準としてそのプラスマイナス2％」と表記したほうがフェアだと思ったから、変更を希望したのだ。

私は1日返事を保留して、どういう返事を出そうか、熟慮していた。

すると翌朝、渡辺氏から次のようなメールが来た。

「昨日、『印税8～10％』を『印税を10％を基準としてそのプラスマイナス2％』に変えなければならない理由は何ですかとお聞きしましたが、返事がないのはどうしてですか。なぜそんなことにこだわっているのですか」

たった1日返事を保留にしただけでこんなメールを送ってくるあたり、渡辺氏のせっかちさがうかがえるというものだ。でも、こんなメールを送ってくるということは、印税率を修正させるのは難しいだろう。しかたがない。ただ、「刷り部数に対して」というのは入れてもらわなければならない。そこで私はこう書いて返した。

「渡辺様　私がこだわっているところは『刷り部数に対して』という言葉を入れてほしいという点です。『刷り部数に対して』という言葉が記載されていなければ、第三者が見たときに、『実売数に対して』なのか『刷り部数に対して』なのかが分かりません。印税率を8～10%にしたいのならそれでもかまいません。しかし『刷り部数に対して』なのか『実売数に対して』なのかは明記していただけませんでしょうか。ご検討いただいた結果は11月11日までにいただけないでしょうか。

宮崎伸治」

するとそっけない返事が返ってきた。いつもなら冒頭に「宮崎様」と書いてあるのに、それもない。

「刷り部数に対してという認識です。それでよろしいですね」

その後、覚え書きは修正された。

これで執筆していけば出版される……はずだった。しかし、物事はそう簡単には進まない。渡辺氏が私を裏切ったのである。「5割程度」セレクトすることになっていたのに、62本のうち17本しかセレクトしなかったのだ。*追

＊「62分の17」は27%にすぎない。私も鬼ではないのだから「5割程度」が45%であれ、42%であれ、39%であれ、一切文句は言わないつもりであった。ただ、こういう客観的に数字で表せることに関しても平気でこういうことをしてくるわけだから、「じゃあ、この先書いていって本当に大丈夫なの？　書き上げた後になって『なんとなく売れそうにない』とか言うということはないの？」と疑心暗鬼になってしまうのだ。

加でセレクトするよう依頼したら、話がもつれてしまい、L出版のほうから出版中止を通達してきた。その補償額は「初版印税（8％）の半額*」。

「8〜10％」だったはずなのに8％で計算されていることを知った私は、カーッとなって、渡辺氏に問いただした。

「なんで8％で計算しているのですか？」

「印税は一般的には10％だけど、今は出版不況なので10％を切っている出版社もある。だから10％は一般的ではないんだよ」

「一般的には10％だけど、10％は一般的ではないってどういう意味ですか？」

「いちいちウルサイんだよ。8でもこっちは払いたくないんだよ。編集長も言っていたけど、宮崎さんが書いたものには光るもの*がないんだよ」

「でも8〜10％だったのですから、計算するとしたら、9で計算するのが公平なんじゃないですか？」

「分かったよ！　9で計算すればいいんだろ9で」

結局、それで和解となった。

ホタルでもあるまいし、光るものなんて最初からねぇよ！


*「初版印税の半額」で手を打つつもりはなかったのだが、じつはその原稿を別の出版社に持ち込んだところ、すぐに企画が通ったため、早期に解決できるなら……という思いで「初版印税の半額」で手を打つことにした。ただし、その計算方法にはこだわった。不公平なことを〝学習〟させたくなかったからである。

*〝光るもの〟ってなんだよ!?

第5章

私の名前が表紙に載ってない！

第21話

翻訳書が出したいんじゃなかったんかい

30代の頃の私は、次々と著訳書を出しており、執筆と翻訳で多忙を極めていた。そんな中でもあちこちの出版社に売り込みをかけていた。

血気盛んだった私は、アポイントも取らずに、自分の著訳書を持参して出版社に突撃することもあったのだが、そのうちのひとつがM出版であり、またまそのとき受付に現れたのが小林氏だった。

見たところ40代の小林氏は、嫌そうな顔をしながらこう言った。

「すみません、今ちょうどバタバタしていて、お時間取れないんですが……」

きっと迷惑なのだろう。どこの馬の骨か分からないオッサンがアポイントも取らずにいきなり突撃してきているのだから。

私は小林氏に自分の著訳書を数冊渡し、名刺を差し出した。私が差し出せば、自然と小林氏も出す流れになってしまうので、その流れに沿って名刺を出してくれた。よしよし、これで名刺交換成立だ。時間にすればほんの20秒だが、これだけでも大いなる収穫だ。名刺交換さえすれば、もう〝赤の他人〟ではなくなるからである。かなり強引なやり方だが、無名の私がこの業界で生き抜くにはこれくらいのことをやらなければならない。

その後、新刊が出版されるたびに見本書籍を小林氏に送付し続けたが、ずっと梨のつぶてだった。まあ、それが普通だ。そんなことで落ち込む私ではない。いつかチャンスが回ってくることもある。そのチャンスにかけるのが私なのだ。

数年経った頃、どういう風の吹き回しか、小林氏から電話があり、こんなことを言う。

「翻訳書出版の件でご相談したいのでぜひお会いしたいのですが、こちらから先生のお宅まで伺いますので、お時間取っていただくことはできないでしょうか」

(ほれほれ、こういうことがあるのだよ、この世の中。だから生きるっておもしろいんじゃないか)

私は二つ返事で面会を了承した。

約束の日に小林氏が拙宅まで訪れた。わざわざ来てくれるのだから、いずれは翻訳書を頼もうと思ってくれているのだろう。

小林氏は開口一番、こう言った。

「私は今までずっと日本人著者の本ばかりを担当してきたのですが、次はぜひ翻訳書をやりたいのです。そこで宮崎さんに翻訳をお願いできないかと思いまして、翻訳出版についていろいろと事情を教えていただきたいのです」

翻訳書ブームに乗っかろうと思っているのか、「ぜひ翻訳書をやりたい」と言って私に教えを乞うてきたのである。小林氏は次々と質問をしてきたが、私はそれに対し、これまでの実体験をふまえて時間をかけて説明した。

やりとりはこんな感じだった。

「翻訳にかかる期間はどれくらいなのでしょうか」

「一般的に言えば、薄い本のほうが早く訳せます。しかし、薄い本だからといって必ずしも早く訳せるというわけではなく、英文の難易度や調べ物をする必要がどの程度あるかにもよりますね。例えば、この本は1ヶ月で訳せましたが、こっちの本は同じような厚さであっても４ヶ月かかりました。一般的な厚さの本であれば、まあ４ヶ月くらい見ていただけるとありがたいですね」

「ところで宮崎先生の場合、印税はだいたい何パーなんですか」

「印税は６〜８％のことが多いですね。私としては、訳しやすい本とか薄い本であれば６％でもいいと思っています。ただ、厚い本や難易度の高い本は７％か８％貰えるとありがたいですね。旧訳が出ている場合は、それを読めば英文の解釈の時間が短縮できるので難易度が下がります」

「あと、どういうことに気をつければいいですかね」

「です・ます調か、だ・である調かは、ご要望があればお応えしますので最初に教えておいてください。*翻訳文は５分割して、５分の１ができるたびに提出するので、万が一、内容的に出版できない代物であれば、５分の１の段階で教えてほしいです。それ以降になったら出版中止するなんてことは言わないようにしてほしいです、それをやられると、さすがにショックが大きいですから」

＊ある出版社の希望に沿って「です・ます調」で翻訳書を出版したところ、Amazonのレビュー欄に「『だ・である調』で訳すべきなのに『です・ます調』で訳していてガッカリだ」と書いてあるのに気づいた。そんなことでガッカリするくらいなら、買う前に確認すれば良かったじゃん、とツッコみたくなったが、ツッコむこともできないので、それ以来Amazonのレビュー欄は一切見ないことにした。だから今やどんなレビューを書かれてもそれに惑わされることはない。わっはっはっはっ、これでいいのだ！

こういった翻訳出版にまつわる事情を2時間くらいかけて説明し、質問に対してもその都度答えた。

「なるほどですね、翻訳書についてだいたいのことは分かりました。ぜひ翻訳書やりましょう。じつはめぼしい原書がいくつかあるんですよ。近いうちにどれをやるか決めてご連絡させていただきますね」

翻訳出版の話が一段落した頃、たまたま著書の話が飛び出てきた。けっして自慢しようと思っていたわけではないが、私の著書でロングセラーになった本があったのでそれに言及したところ、小林氏はその累積発行部数を訊いてきた。私がそれに答えると、小林氏は目を見開いてこう宣った。

「え〜、そんなに売れたんですか？　う〜ん、そっちのほうが早いのかなぁ〜（「著書のほうが翻訳書より結果を出すのが早いのかな〜」と言おうとしているのだと感じられた）。宮崎先生、翻訳書じゃなくて著書をお願いしてもいいですか？」

（にゃに〜、今まで2時間ずっと翻訳書をやるという前提で話してきたというのに、「そっちのほうが早いのかなぁ〜」って、いったいいなんなんだよ。

私の著書のひとつの累積発行部数を聞いたとたんに豹変するの？　そんなに翻訳書に対する熱意って薄かったの？　要するにあなたは売れさえすれば著書でも翻訳書でもどっちでもいいってことなの？　めぼしい原書がいくつかあるんじゃなかったの？）

小林氏はその言葉を最後に帰って行ったが、あれほど翻訳書がやりたいとやる気満々だった（ように見えた）のに、その後いつまで経っても何の連絡も来なかった。数週間後、しびれを切らした私が小林氏に電話をかけてみると、またどこかで聞いたようなフレーズが聞こえてきた。

「すみません、今ちょっとバタバタしているので後でかけ直します」

小林氏はよくジタバタ、じゃなかったバタバタする人のようだ。しかし、「後でかけ直します」と言っていたのに、いつまでもかかってこない。なんだか彼に割いてあげた2時間が急にもったいなく思えてきた。この件を境に、新刊が出ても、彼に送付するのを止めることにしたのだった。

「翻訳書がやりたい」と話を持ちかけておきながら、売れそうな著書の企画があったら簡単に話をひっくり返す彼のような編集者、私は何人も見てきたが、ま〜、これぱっかりはどうもしようがないのだ。

第22話 訳書のタイトル、誰が決めると思いますか

訳書のタイトルって、いったい誰が決めると思いますか。訳者？　それとも出版社？　それとも訳者と出版社が相談し合った上で？　で、最終決定権はどちらにあると思いますか？

この点に関して私は次のように解釈している（あくまで〝私の解釈〟である）。すなわち「最終決定権は出版社にあり、ゆえに通常は出版社が一方的に決めるが、出版前に訳者に伝えることは伝える」。

私がこう解釈する理由は、〝出版権〟が出版社にあるからである。え？　訳者には権利ないの？　と思われるかもしれないが、訳者にあるのは出版権ではなく〝著作権〟である。であるから訳者は訳文に関しては最終決定権があるが、本のタイトルに関する最終決定権はないと思うのである。

しかし、このように思っていない訳者もいる。ある訳者は、自分が決めたタイトルに固執するがあまり出版社と大げんかし、最終的に出版社が折れ、訳者の決めたタイトルで出版した——という話を聞いたことがある。

その辺、私はおとなしくしているので、出版社がどんなタイトルを付けても口出しすることはない。いや、ホント、びっくり仰天するようなタイトルが付けられても一切口出ししない。口出しするのは、野球に喩《たと》えていえば、キャッチャーフライを外野手が取ろうとするようなものだと思う。そんな〝お節介〟はキャッチャーにしてみればありがた迷惑なことだから、しないほうがいいと思うので私は黙っているのだ。

ある著名作家から聞いた話だが、彼は出版社に「タイトルは13文字以内で」と注文を付けているらしい。理由は単純。短いタイトルのほうがインパクトがあって売れやすいからだそうだ。私なんかは恐れ多くて、そんな注文、付けられない。100%お任せだ。

だが、事前にどういうタイトルにするかを相談してくる出版社もある。今回はその辺の事情を赤裸々に語ろうと思う。

相談はまったくいとわない。それ自体は全然かまわないのである。だが、通常、私はタイトルを付けることに慣れてはいないし、すばらしい提案を期待されても困るのである。

例えばG出版の田中氏である。彼が「タイトル案があったら教えてもらえますか」と訊いてきたので、私はこう答えた。

「『○○○』ってのは、どうでしょうか」

「そんなありきたりのタイトルじゃ、本は売れないんですよ。なんというか、センスがないというか。もういいです、こちらで考えますから」

（おいおい、私より4つも年下なのにそんなに上から目線の言い方するのか。そんな言い方するくらいだったら最初から訊いてこなくてもいいのに。なんで毎回毎回訊いてくるんだよ）

C出版の女性編集者も訊いてきた。

「タイトル案、希望あったら教えてもらえます？」

「いや、お任せしますよ」

「一応、希望があったら聞くだけ聞いておきます」

「じゃ、そうですね、『○○○』とかどうですかね？」

「う〜ん、イマイチね〜。そんなのじゃ、売れないですよ」

（だから最初から「お任せします」って言ってるのに。「イマイチね〜」という言い方するくらいなら訊いてこなくてもいいのに。もうこんなやりとりうんざりだよ！）

　M出版の加藤さんも、毎回、訳書のタイトルの相談をしてくる。

「タイトル案出して。たくさん出してくれればくれるほどありがたいんだけど」

　そこで10案くらいメールで送ってみると、

「もっと他にない？」

　さらにメールで10案くらい送っても、

「もっと他にない？」

（おいおい、いったいいくつ案を出させるんだよ！）

　結局、私の案が採用されたことは一度もなかったのである。

　出版社が考えていることといえば、とにかく〝売れるタイトル〟にすることである。もちろんそれがいけないというつもりはない。しかし、売りたいという欲望にあまりにものめり込みすぎて、〝やってはいけない〟ことにまで手を出す出版社もある。え、〝やってはいけない〟ことって何？　例えば、本の内容と乖離《かいり》したタイトルを付けることである。出版社がよくやるのは、ベストセラーになっている本のタイトルに酷似させる手だ。あまりにも似すぎていて吹き出してしまうケースもあった。しかし、読者はタイトルを見て、だいたいこんなことが書かれてあるのだろうと推測して本を買うわけだから、タイトルとまったく違う内容の本であることが分かったらきっと失望してしまうだろう。だから本の内容とマッチしたタイトルにしなければ、読者を裏切ることになる。そんなことは〝やってはいけない〟と私は思う。

でも、私はどんなタイトルを付けられても黙っていた。こんなの反則技じゃないか？　と思えるようなタイトルであっても、だ。なぜなら訳者にはタイトルに口出しする権利などないと思い込んでいたからである。

ところがネットでいろいろ調べてみると、「本のタイトルは誰が決めるか？実態調査」という興味深い統計が見つかった。これは社団法人日本書籍出版協会が行ったもので、2009年のものだが、参考にはなると思うので紹介しておきたい。

同調査によれば、463社を調査対象とし、有効回答数は232社であったらしい。その結果、本のタイトルを決めているのは次のとおりだった(便宜上、上位8位まで抽出)。

1 編集部 74(31・9%)
2 会議で 74(31・9%)
3 著者・編集部 23(9・9%)
4 編集部・営業部 14(6・0%)
5 著者・編集部・営業部 12(5・2%)
6 著者 11(4・7%)
7 編集部・会議 5(2・2%)
8 著者・会議 4(1・7%)

これを見た私は、え〜、実態ってそうだったの? と思った。「著者のみが決めるケース」も4・7%と少ないものの、存在していたのには驚いた。

ただ、「出版社側が決めるケース（もしくは出版社側がからんでいるケース）」がほとんどであるのは想像どおりだった。再度言うが、相談してくれるのはいい。でも、上から目線で見下すような言い方をするのだけは止めてチョ！

第23話　表紙、本当に直してくれたんかい

悪夢を見た。思いっきり腹が立つ悪夢で、あまりにも腹が立ったため、その怒りでハッと目が覚めた。恐怖で目が覚めたことは過去に何回か経験があったが、怒りで目が覚めたのは人生初だ。

いったいどんな悪夢だったのか？　なんと、私の著書として出るはずだった本が、出版当日に、私の名前が表紙に載っていないことが判明するという悪夢だったのである。表紙には誰の名前も載っていない。えっ、これって何なの？　と思いながら裏表紙を開くと、奥付のところに5人の名前が列記してある。編集長の名前がやけに大きく、それ以外の４人の名前はやけに小さ

い。私の名前はその5人の一番後ろに申し訳程度に載せてある。私ひとりが執筆した著書なのに、なぜこんな仕上がりになっているのだ。

（この出版社も分かってないなぁ〜。こんなこと、やったらいけないことだよ！　なんでこんなことするかなぁ）

その瞬間、怒りで目が覚めたというわけだ。

じつはこの悪夢と同じようなことを、私は何回か経験している。その一例として先ほどお話しした夢が正夢になったときのことをお話ししよう。なんと私の著書なのに私の名前が表紙から外されて発売されたのだ。そんなことがあるのかと思われるかも知れないが、それがあったのだ。すぐさま表紙を直してほしいと申し出たものの、いつまで経っても直そうとしないので、やむなく裁判を起こす羽目になった。

相手側のN出版は裁判期日の直前になってから「すでに表紙は直した」と言ってきた。しかし、私はにわかには信じられなかった。

（書店に並んでいる本も、取次会社に保管してある本も、ネット販売用に保管している本も、N出版の倉庫に保管している本も、本当にすべて直したの

か？）

当然、私としてはすべての本の表紙を作り直してほしいわけである。表紙に私の名前が載っていない著書は、私に言わせれば〝欠陥品〟である。家電に欠陥品が出ればリコールをするように、私の名前が載っていない本も〝リコール〟させ、表紙を作り直させてから、再度、流通させたいのだ。

しかし私の弁護士が言うには、すでに市場に出回ってしまっている本を回収して表紙を作り直させるのは難しいという。弁護士がそう言うのなら諦めるしかない。弁護士に無理難題をふっかけてしまうと、私と弁護士との関係がギクシャクしかねない。

では私に何が期待できるのか。それは、N出版に「今後弊社から外に出回る著書の表紙はすべて直したものにすること」を確約させることである。これならば可能だ。というより多額のお金をかけて裁判をしたのだから、それくらいはやってもらわなければ困る。

裁判期日に、私たちは裁判官の目の前で協議した。* 協議の結果、「表紙は

* **協議**は非公開であり、法廷ではなく、よくある普通の会議室で行われた。

すでに直してあるので、今後弊社から外に出回る本の表紙は直されたものに限って出す」ということで合意し、和解調書を作成してもらった。

かくして裁判は〝和解〟という形で終わったわけだが、なんとその翌日、弁護士は私に成功報酬を求めてきた。表紙を作り直すという〝もともと損害金がない事案〟なので、成功報酬をいくら求められるか分からなかったが、弁護士から次のようなファックスが流れてきたのだ。

「成功報酬は100万円程度になりますが、* 具体的な金額は次回のお打ち合わせで相談させていただければと思います」

(にゃに〜、表紙を直させただけなのに100万? どれだけ慰謝料が取れるかがまだ分かってない今の段階で、こんなに求めてくるのか。表紙を直させるだけでそんなに成功報酬が高くなるのだったら、事前にちゃんと説明しておいてくれよ。当初の話し合いで「表紙はそのままにして慰謝料だけ払わせる」って選択肢だってあったのに表紙を直させることにこだわったのは、先生のほうじゃないか。「表紙はそのままにして慰謝料だけ払わせる」ほうの選択肢だったら自分が手にする成功報酬もタカが知れていると思ったから

＊たまたまこのファックスを見る前に体調を崩していたのだが、このファックスを見たとたんに頭がズキズキと痛み始め、ベッドに横たわったとたん、激しい痛みに変わった。100万はキツイよ!

表紙を直させることを勧めていたのか!?）

事前にその辺の話を一切聞かされていなかった私は、N出版のみならず、弁護士に対してまで疑念が生まれてきていた。*

そんな中、私は今後N出版から外に出回る本の表紙が直されたものか否かを調べる方法はないかと知恵を巡らせていた。

書店に並べてあるものや、ネット販売用に保管されているものは諦めなければならない。もうすでにN出版の手から離れているからだ。では取次会社はどうか。無駄である。というのも取次会社に保管されている在庫がいつN出版から搬入されたのかまでは分からないからである。だからこれらは諦めるしかない。

では他に方法はないか。私は考えに考え抜いた。考え抜くこと数日、ふと名案が閃いた。N出版のホームページから直にその著書を買えばいいのだ。そして、もしも送られてきた著書の表紙に私の名前が載っていなかったら、合意内容は破られたことになる。そうなれば、それを攻撃材料として、出版社を責めることができる。

＊全国の弁護士会には弁護士の活動に関する苦情を受け付ける「市民窓口」がある。私は100万円も請求され驚愕し、**疑念**を抱いてしまったので、「市民窓口」に相談しようかとも思ったが、しなかった。そんなことをしている暇もなく、別にやらなければならないこと（本当に表紙を直してくれているかを調べること）が生じたからである。

しかし、実行するには気をつけなければならないことがあった。私が買ってはダメ、ということだ。なぜなら私がＮ出版のホームページから買って、その本の表紙に私の名前が載っていなかったとして、それを私が主張したところで裁判官の目にはホームページで買ったものか書店で買ったものかが分からないからだ。では、私の友人にホームページから買ってもらうのはどうか。これもダメだ。嘘をついたと思われる可能性があるからだ。となると〝私と利害関係のない第三者〟にホームページから直に本を買ってもらい、その人に〝証人〟になってもらうしかない。

では誰に頼むか。思いを巡らせているうちに、秘書代行サービス会社に頼んでみることを思いついた。ただ、問題は「Ｎ出版のホームページから本を買う」という〝奇妙な仕事〟をやってもらえるかどうかだ。

第24話 裁判所で決めた和解条項まで破るのかよ！

自分の名前を表紙から外されて出版された怒りは、忘れ去ろうとしても忘れられるものではない。これは泣き寝入りしていいという類いのものではないのだ。しかも、わざわざ裁判まで起こしたのだから、ちゃんと表紙を直してくれたか確認させてもらうぞ！

（よし、秘書代行サービスに頼んで、N出版のホームページから本を1冊注文してもらおう。そうすれば表紙を直したかどうか確認できる）

そう思い立つや否や、ネットで秘書代行サービスをしている会社を探し始めた。運のいいことに、自転車で10分のところに見つかった。さすが東京、こんなに近くにあるなんて、便利の極みだ。

早速、電話で問い合わせをしてみた。

「じつは、買いたいと思っている本があるのですが、それをネットを使って代理で買っていただくってこと、可能でしょうか」

自分でいうのもなんだが「買いたい本があるので代理で買ってほしい」なんてメチャクチャ変な依頼だ。もしも私がそんな依頼をされたら「なぜ自分で買わないのですか」と訊き返しただろう。しかし、電話口に出た男性は丁寧にこう答えてくれた。

「秘書がするような仕事でしたら、だいたいどのようなお仕事であってもお引き受けできますよ。本を買いたいとのことですが、もちろん、そういったお仕事でも大丈夫ですよ」*

よしよしよしよし、じゃあ頼もう。早速、同社を訪れ、対応してくれた女性にくだんの著書をN出版のホームページから買ってほしいと依頼した。彼女はきょとんとした表情で「え、この本の注文を入れるということですか」と訊いてきたが、私は詳しい理由は説明せず、「そうです、それでいいのです。本が届いたらまた取りに来ますので」と答えた。相当、変わった人間だと思われただろう。

数日後、彼女から、くだんの本が届いたので取りにお越しくださいと連絡が入った。早速、事務所に出向き、本を受け取り、事務所から出たとたん、

＊「ネットで本を買ってもらう」という秘書代行の仕事を5000円で引き受けてくれた。しかし、後に「報告書」を出してもらうために、さらに5000円を払った。ホント、何から何まで金がついて回るものだ。

居ても立っても居られず郵便物を開封した。

（さあ、直してくれているかどうかが判明する瞬間だ）

ドキドキしながら開封すると、案の定、表紙に私の名前はなかった。

（ほれみろ、やっぱり直してないじゃないか。よし、これを武器にして相手を責めてやる）

表紙が直っていなかったわけだから本来なら激怒するところだが、私はむしろ、喜んだ。というのも弁護士に１００万円も請求されていたので、なんとかして慰謝料を増額させたかったからである。だから、相手を責める材料が欲しかったのだ。

しかしその瞬間、私は自身の大失態に気づいた。

（しまった。今ではなく、事務所の中で、〝秘書〟の目の前で開けば良かった。そうすれば彼女に証人になってもらえたのに！　今更引き返して、こういう事情なので証人になってほしいとお願いしても、変な目で見られるのがオチだろう。証人がいなければ、相手を責める材料にはなりえない。あ～馬鹿なことやった！）

でも、うかうかしてはいられない。一刻も早く別のところに頼もう。N出版が表紙を直していなかったことが分かったのだから、別のところに頼んでそこの人に証人になってもらえばいい。私は早速、他に頼めそうな会社を探し始めた。自宅近くにB探偵会社が見つかったので、そこに依頼することにした。探偵会社なら、間違いなく証人になってもらえると思ったからでもある。

アポイントを取ってB探偵会社に伺ってみると、中年男性が対応してくれた。事情を話すと、N出版のホームページ経由で著書を買ってくれるという。ただ、証拠を残すには「①宅配便業者から荷物を預かり、②その封を開け、③本を取り出して表紙を確認する」という一連の流れをビデオに撮影する必要があるという。そうしなければ、せっかくN出版のホームページ経由で著書を買ったとしても、相手から「店頭に並んだ本を買ったのではないか」と突っ込まれたら反論できなくなるからだという。

(え〜、わざわざビデオ撮るの? 本を代理で買ってもらって、「表紙に宮崎伸治の名前がない」ことを報告書に書いてくれるだけでいいのに……)

そう思ったが、せっかく引き受けてくれるというのに「ビデオは不要です」とも言いがたい。ここで話が流れてしまったら、また別の会社に依頼しなければならなくなりかねない。そんなことをしていれば、1日1日……と時間を無断にしてしまう。ここは相手のいうことを聞いておいたほうが賢明だ。そう思った私は同社に依頼することにし、手数料を訊いた。すると、なんと6万円。

(え〜、ビデオ撮影があるとはいえ、秘書代行サービスの10倍以上もするのかよ。探偵会社ってこんなに高いのかよ)

しかし背に腹は代えられず、すみやかに6万円を支払い、仕事を依頼した。

数日後、B探偵会社から電話があった。N出版のホームページ経由で本を買ったところ、表紙に宮崎伸治の名前がなかったので、その旨記載した「業務報告書」と一連の流れを撮影したビデオを手渡ししてくれるという。

(よし、これで〝表紙が直っていなかった証拠〟ができた。B探偵会社の「業務報告書」が入手できたら、すぐさま責任追及してやるからな)

「業務報告書」が作成できたという連絡が入るや否や、同社までそれを取りに行った。

自宅に戻ると早速、弁護士にファックスし、責任追及してもらった。

(さあ、どう言い訳する? こっちは表紙が直っていなかったという確固たる証拠を手にしているんだよ)

表紙を直すのにはそれ相当のお金がかかる。だから、最初から直す気などないのに、「表紙を直したものだけを外部に出す」と言って裁判を終わらせたのではないか。* そんなこと、許してなるものか。こっちはすでに弁護士から100万円の成功報酬まで求められているんだよ! 表紙を直さなくてもバレないとタカをくくっているのか? 裁判所で決めた和解条項を破るなんて、本当にそんなことしていいと思ってんのかよ!

第25話 これが社長の本性か

表紙から自分の名前を外されて出版された場合、その慰謝料はいくらが妥

*「表紙を直したものだけを外部に出す」という和解条項が守られなかっただけではなく、「すでに表紙は直した」と言っていたことも嘘だったことが判明した。

当なのか。あなただったら慰謝料をいくら貰ったら許せるだろうか。20万？50万？　１００万？　それともお金を貰っただけでは許せないだろうか。

N版社と私の間で慰謝料（N出版は〝解決金〟という言葉を使っていた）の額を詰めていく中、〝解決金〟は20万円に落ち着こうとしていた。被害者である私としては納得がいく金額ではなかったが、日本では氏名表示権の侵害では高額の慰謝料は認められないというのが弁護士の見立てだったから、文句は言えない。

先述したように、N出版が「表紙を直したものだけを外部に出す」という和解条項を破っていた証拠が入手できたので（**それだって私が秘書代行サービスだの探偵会社だのに自腹で頼んで入手したのだよ、分かるかこの苦労が！**）弁護士を通して相手に責任追及してやったわけである。

（ほ〜ら、いったいどんな責任を取ってくれるんだよ！）

弁護士にファックスを送ってもらった翌日、N出版からファックスで回答が送られてきた。それまではずるずると回答を遅らせていたN出版が、翌日に返答してきたのだ。和解条項を破った証拠を突きつけられたので、焦ったのだろう。

ファックスには金額までは書かれていなかったものの、〝慰謝料〟を払う意思があることは記載されていた。それまで〝解決金〟という言葉を使っていたのに、今回は和解条項を破ったことが発覚した自覚があるためか〝慰謝料〟という言葉を使ってきた。

（そうそう、あなた方は〝慰謝料〟を払わなければならないことをやったんだよ、分かったか！）

しかし、ファックスの文面をよく読んでみると、じつに腹立たしいことが書かれているのである。内容はざっとこんな感じである。

「本の表紙はすべて直したつもりでしたが、まだ直っていなかったものが一部残っていたようで、今回それが間違ってインターネット経由で販売されたようです。幸いなことに*インターネット経由で販売された本は累積で３冊にとどまっております。早急にすべての本を点検し、直っていないものは直ちに直します。宮崎様には不愉快な思いをさせてしまい、申し訳ございませんでした」

＊にゃにが「**幸いなことに**」だよ！　表紙を直すと約束しておいて、それで直ってない本があったのに、「幸いなことに」なんて言葉使うのってどうなんだよ!?

（和解条項を破っておきながら、「幸いなことに」なんて言葉、使っていいと思っているのかよ！）

その後、弁護士を通してN出版と慰謝料の額に関して攻防が続いた。私としては、弁護士から成功報酬として１００万円を求められていたわけであるから、それと同額以上の慰謝料を獲得したかったのだが、N出版が粘りに粘るものだから、いつまで経っても平行線を辿った。

そこで、弁護士にひとつ相談してみた。和解条項を破った証拠があるわけだから、それで新たな事件として民事裁判を起こしてもらえないか、と……。すると弁護士はこう言う。

「もしそんな裁判をするのなら、追加で訴訟費用が60万円かかりますよ」

（え、追加で60万円？　すでに成功報酬として１００万円も要求しているのに、さらに60万円追加って……）

ここはもう諦めるしかない。ただ、簡単に妥協していては相手をつけあがらせるだけだ。なんとかして相手を反省させたい。そこで私は弁護士にこう提案した。

「慰謝料の額がもう上げられないようなら、それはしかたありません。また、追加で60万円要るのなら、新たな訴訟もできません。しかし、裁判所で決めた和解条項が守られていなかったわけですから、１００万円程度になるとおっしゃっていた成功報酬はN出版から取れる慰謝料とトントンくらいにならないでしょうか」

すると弁護士は猛反撃してきた。

「宮崎さん、弁護士の仕事というのは和解条項を締結させるところまでなのですよ。私はそれに対して成功報酬を貰う権利があるのです。その和解条項が守られるか守られないかは、私の知ったことではないんですよ」

初めて知ったのだが、弁護士の仕事は「和解させるところまで」であり、「実際に和解条項を守らせるところまで」は責任がないらしい。とすると諦めるしかない。そこでやむなくこうお願いした。

「この事件で一番大切なことは社長に反省してもらうことですので、社長に自筆で謝罪文を書いてもらえば慰謝料の額はこだわりません」

私がこう言うと、弁護士はN出版社長に〝自筆の謝罪文〟を要求してくれた。慰謝料が増額できないのなら、せめて社長に自筆で謝罪文を書かせたい、それさえ了承してもらえれば慰謝料の増額を求めないという〝物分かりの良さ〟を示したつもりだった。

ところが、社長の回答は……。

「今回、弊社の倉庫から間違って〝表紙が直っていない本〟が出た件に関しましては営業部長が詳しいため、営業部長による謝罪文を郵送いたします」

（社長よ、今まですべて自分の名前で書面を出しておきながら、謝罪文だけは他人に尻拭いをさせるのかよ。これがあなたの本性か！）

私は社長に自筆で謝罪文を書かせることにこだわり続けたが、弁護士は「もう止めておきましょうよ」と投げやりになり、結局、営業部長名の謝罪文を出させて終わった。しかもその謝罪文というのもワープロで5行記したもので、どこかの文例集のものをコピペしたかのような文面だった。

弁護士から〝表紙を直させることの成功報酬〟が100万円になることを説明されていなかったことも、（和解条項を守られなかったことに関して）「私の知ったことではない」と言われたことも、得られた慰謝料の額も、社長が謝罪文を書かなかったことも、営業部長名の謝罪文の内容も、何から何まで納得いかないまま〝和解〟という形で終焉《しゅうえん》を迎えた。

この経験から私は「裁判は本人訴訟に限る」と思うようになり、法的知識を身につけるため法学部*に学士入学したのだった。すでに40代半ばになっていたのに、である。

＊何歳であれ、勉強する気さえあれば、大学通信教育課程という廉価で大学の学位を取得できる制度がある。私の場合、**日本大学法学部（通信教育課程）に入学**したのだが、学士入学だったため、２年で卒業できたし、学費も30万円くらいで済んだ。

第6章

出演NGの理由は「宮崎さんと一緒に出演するのはいたたまれない」

第26話

30分以内に弁護士をぎゃふんと言わせてやった

私は7回も出版中止の憂き目に遭った。* この数、多いのか少ないのか、はてさてどうなのだろう？

本書の担当編集者に訊いてみたら、なぜか震えながら「……多いんじゃないですかね……」と答えた。

次にお話しするのは、すでに印税が支払われ、かつ広告まで打たれていたのに、「出版中止！」に至ったケースである。

P出版からの依頼で翻訳をしたのに、ズルズル出版を遅らされ、あげくの果てに出版中止にされた。三校ゲラチェックも終わっていたし、カバーもできていたし、YouTubeで広告されていたし、初版印税も支払われていたのに、である。中止の理由は「経済状態が悪化したので、売れ筋の本に絞って出したいから」。は？　出版部長と担当編集者が拙宅まで来たとき「この本は人類の遺産とも言える本なので、売れる・売れないに関わらず、必ず出しま

＊この**7回**というのは、脱稿した後になってから出版中止になった回数のみで、である。それ以外にも、いったん仕事を正式に依頼された後で、仕事に取りかかろうとした矢先に中止されたことも何度かあるし、脱稿した後で中止の相談をされたことも4回ある。

す」と言っていたのは嘘だったの？

納得のいかない私は予定どおり出版してほしいと懇願したが、P出版は「初版印税を払ってあげているのだから、*自分で他に出版してくれる出版社を探してください」の一点張り。二者間では話し合いが平行線を辿るだけなので、調停での話し合いを提案し、了解が得られたので調整を申し込んだのだが、3回連続で欠席され、調停は不調に終わった。

そこでやむなく本人訴訟を起こしたわけだが、P出版は「出版契約は成立していなかった」と主張する答弁書を送ってきた。その答弁書を読んだ瞬間、カーッとなった。

（いけない、冷静になろう。よし、これを第三者が見たらどう見えるか、弁護士に訊いてみよう）

そう思い立ち、30分無料法律相談に予約を入れた。

数日後、法律相談に行くと、弁護士は開口一番、こう言った。

「何？　もう訴訟始まってるの？　訴訟始まっているんだったら、こういう法律相談って向いてないいんだよね。だって準備書面読まないと話が分からな

* 私は出版社の希望どおりに期限を守って翻訳を仕上げた。途中、何度も翻訳のクオリティーに関して、賞賛していただいていた。つまり私には何の落ち度もなかったのだから**初版印税**は払われるのが当たり前の話なのだ。なのになにが「払ってあげた」だ。翻訳家が原因で（例えば、途中で仕事を投げ出したとか、たび重ねて期限を遅らせたとか、翻訳が下手すぎて修正不可能などの理由で）出版中止になることがあると聞いたことがあるが、「払ってあげた」と言っていいのはそういう翻訳家に対してではないか。

いもん」

（私は電話で予約を入れるときに、「訴訟は始まっていますが、法律相談にのってもらうことはできますか」と予約担当者に訊いてOKが出たから来たんだよ）

そう言い返したかったが、しなかった。たまたま電話口に出た人が間違っていた可能性だってないとは言えないからだ。私が唖然《あぜん》としていると、彼はこう宣った。

「ま、せっかくだから話だけ聞くよ」

私は事件の概要を説明した。すなわち、P出版の依頼で翻訳を仕上げたのに、勝手に出版が中止にされたこと、相手が調停を3度欠席したので調停が不調に終わったこと、それでやむを得ず訴訟を起こしたこと、「出版契約は成立していなかった」という答弁書が返ってきたこと、だから第三者の目から見て「出版することに関してお互いの意思が合致していたように見えるか否か」をお訊きしたい——と。

するとと彼はつっけんどんにこう宣った。

「法律を何も知らないあなたに説明しようと思ったら、丸１日あっても足りないよ。あなたが出版してもらえると勝手に期待していたのに出版してもらえなかっただけでしょう」

（違いますよ～だ。ホラ、その証拠をお見せしましょう）

私はP出版から貰ったメールを見せた。そのメールには出版予定時期、印税率、初版発行部数、本のタイトル、予定の定価など詳細な条件が記載されていて、翻訳を正式に依頼する旨も書かれてあった。弁護士はそのメールを見ながらこう言った。

「このメールを受け取ったからといって、出版契約が成立するわけではないよ」

「でも出版部長と担当編集者が私の家に来て翻訳を正式にお願いしますと頼んだのです」

「家に来た証拠は残ってないでしょ＊」

「それはそうですけど、でもその後私と担当編集者が二人三脚で完成原稿まで仕上げましたから、メールは何十通と残っています」

＊ 初対面である私に「**法律を何も知らないあなた**」とは何だ。勝手に決めつけるな。当時の私はすでに日本大学法学部通信課程を卒業していたし、ビジネス著作権検定上級、法学検定スタンダードなど多数の法律の資格を持っていたよ。まあ、そんなことを言っても口論になりかねないので黙っていたけど。

＊ この法律相談の直後、私は外の様子が録画できるインターフォンを買った。誰かが家に来たら、**その証拠**を残すためである。

「う〜ん、メールだけではねぇ〜」

「でも初版印税だって支払われているのですよ。それこそ出版契約が成立していたという何よりの証拠だと思うのですが」

するよと弁護士は論点をすり替えてきた。

「初版印税を払ってもらったの？　じゃ、それでいいじゃない。あなたが翻訳を仕上げることと初版印税を払ってもらうことが対価的なんだから」

（いったい誰がそうと決めたのだ。私としては、初版印税は払ってもらわなければ困るが、本として出版するという前提で引き受けたのだから、本も出してもらわなければ困るのだ）

「初版印税を払うことだけが対価的なのですか」

「そうだよ、それが嫌なら最初からそんな仕事やらなきゃいいんだよ」

（私の質問は「出版することに関してお互いの意思が合致しているように見えるか見えないか」だよ。なのになぜ「出版社の都合で出版中止した場合、その対価として初版印税だけを払っておけばいいか否か」という論点にすり替えてるんだよ）

激高した私は隠し持っていた〝伝家の宝刀〟を抜いた。じつは過去に著書を最後まで書き終えた後に出版を中止されたとき、〝初版印税72万円〟プラス〝出版を勝手に中止した慰謝料128万円〟*の合計200万円を払ってもらったことがあったので、その合意書を見せたのだ。（第13〜15話参照）

それを目にした弁護士は、口ごもりながらこう答えた。

「これはこの本が重版になる可能性もあっただろうから、その分まで補償した形になっているんでしょう」

「ということは、初版印税だけが対価になっているわけではないってことですよね」

すると弁護士、また論点をすり替えた。

「この翻訳書、あなたから売り込んだの？」

「いいえ、出版社から『絶対に出版するから翻訳してほしい』と頼まれたので翻訳したのです。その証拠も残っています」

すると彼もとうとう逃げ場を失ったのか、投げやりにこう宣った。

「そう。じゃ、いけるんじゃないの」

＊この内訳は実際に賠償金が支払われる直前に伝えられたものである。もし賠償金が50万円に決まっていたとしたら、初版印税は全額カバーされなかったことになるが、その場合、どうやって内訳を書くつもりだったのだろうか？

話し始めて数分で初対面の私に「法律を何も知らないあなた*」とレッテルを貼り、「初版印税だけが対価的だ」と宣っていた彼が、ものの10分で「初版印税だけが対価なのではない」という私の主張に屈した。わっはっはっはっ、分かったか！

弁護士の中にも「出版契約は出版契約書を交わして初めて成立する」とか「出版社が勝手に出版中止にした場合、初版印税だけが対価である」とか間違ったことを正しいと思い込んでいる人がいるが、出版契約は諾成契約であり、お互いの意思が合致した瞬間に成立するし、出版社が勝手に出版中止にした場合、初版印税支払い義務以外にも出版を中止にした責任も生じる。そこのとこ、間違わないように！

第27話 そんなに売れている本の真似《まね》がしたいわけ？

打ち合わせするはずだった予定がずるずると延ばされると、（本当にこの

*「**法律を何も知らないあなた**」と宣っただけで、彼には「哲学的素養がなさそうだ」と感じられた。哲学を学んだ人なら、「法律を何も知らないあなた」などと決めつけた言い方をするのではなく、「法律を何も知らないように見えるあなた」と言うはずなのだ。お分かりかな？その違いはもの凄く大きいぞよ。

編集者、この本出したがっているの？　本当は出すのを止めたいんじゃないの？）とだんだんやる気が失せてくる。今回は、そのせいでやる気がどんどん失せていき、やっとのことで行った打ち合わせの席で私が失言を吐いてしまった結果、出版自体がパーになってしまった失敗談をお話ししよう。同じような扱いを受けている著訳者も多いと思うので〝出版業界のありのまま〟を垣間見ていただければと思う。

Q出版からは著書を4冊出させてもらっていたが、最初の3冊は重版になったものの、4冊目の売れ行きがさっぱりだったためか、執筆の依頼が途絶えていた。著書が売れなかった場合、特別なことがない限り、その出版社から二度と注文は来ないものだが、*私の場合は著書がダメでも訳書の依頼が入ってくることがある。その点、著書も翻訳書も出せる私は文筆家としての職業生命を延命しやすい。わっはっはっはっ、翻訳ができるおかげで延命できるのだ。

ところが、Q出版からは翻訳の依頼すら来ない。4冊目の著書が〝初版止まりの本〟だったからかもしれない。ふぅぅぅ〜、〝初版止まり〟を1回出

＊これはあくまで私の経験上の話である。

しただけでお声がかからなくなるなんて、厳しい世界だ。

そんな折、別の出版社から出るはずだった私の翻訳書が「シリーズが不調だから」という理由で一方的に出版中止にされたので、その翻訳原稿をQ出版に持ち込むことにした。担当編集者から「めぼしい原書があったら売り込んでほしい」と言われていたのを覚えていたからだ。

きっと喜んでもらえる、と思い込んでいた。というのも、翻訳原稿はすでに三校ゲラチェックまで済んでいるし、原書の著作権の保護期間が切れているので自由に編集もできる。編集者にとって、こんな楽ができる仕事はそうそうあるものではないと勝手に思い込んでいたからだ。

ところが期待とは裏腹に、翻訳原稿を提出してから2週間後、丁重なお断りのメールが来た。「この手のジャンルの本は社風に合わないから」というのが出せない理由らしい。期待していただけにショックは大きかった。その後、その翻訳原稿を様々な出版社に持ち込んだものの、出してくれるところが見つからず、新たな出版社にアプローチするのに疲れ切った私は、自費出版することにした。

そう決めた直後に、Q出版からメールが届いた。なにやら出版の相談がしたいという。打ち合わせに行ってみると、担当編集者の佐々木さんは鞄から当時ベストセラーになっていたある名言集を取り出して見せた。

「今、この本が売れているんですよ」

編集者は爆発的に売れている本があれば、それに似せた本を作りたがるものである。私はそんな企画話を何度となく受注してきたが、そのすべてが初版止まりだった。似せて作って売れることもあるだろうが、確率は低いように思う。やはりそれぞれの本にはそれぞれの本に合った〝味付け〟が必要なのではないか。演歌の才能がある歌手に「売れそうだから」という理由でポップソングを歌わせるより、やっぱり演歌の才能を引き出してあげたほうが結果的に売れるのではないか。それと同じで、それぞれの本にはそれぞれの持ち味があるのだから、売れている本の真似をして作るのは本末転倒ではないか。読者に感銘を与える本を作ろうというのが本来あるべき編集者の姿ではないのか。なのになぜ売れる本を作ろうとばかりするのか。そう思っていた私は冷淡にこう返した。

「それで？」

「宮崎さんの本も、この本のように名言集として出すといいと思うんですよね。この前の翻訳原稿の原著者の作品から名言を抽出して……」

その時点でその企画が通ることはないと確信した。なぜなら、その原著者の作品はQ出版の社風に合わないという理由で、過去に出版を断られたことがあったからである。それにその原著者は同じような内容の本しか出していないのだから、翻訳家の私がどんなに頑張ったとしても、アレンジなど無理だ。なのになぜわざわざ〝社風に合わない原著者〟の本から名言集を出そうとしているのか。私は遠回しにこう断った。

「その原著者の文章はかなり堅いんですよ。名言だけを抜き出して名言集にするというのは難しいと思いますよ。そんなことしても何が書いてあるか理解しにくいと思いますし、分かりにくい文章だと一般受けしないと思いますし」

彼女は落胆したような表情を見せた。ほとんどの出版社において編集者は「何ヶ月に1冊出す」というノルマが課せられているから次々と企画を通して出版しなければならない。私が難色を示したので、また新たな企画をゼロから考えなければならない……と思ったのかもしれない。同情した私は、彼女の落胆を少しでも和らげたくて、こんな提案をした。

「もし名言集を出すのなら、別の原著者のほうがいいんじゃないですか。例えば、A氏の原著なら著作権も切れているし」

「それ、いいですよね」

佐々木さんの表情がパッと明るくなった。なんとしてでも企画が欲しかったのだろう。しかし私は釘を刺しておくのを忘れなかった。

「ただ、私はそれで名言集ができるかどうかまでは分かりませんし、売れるかどうかはなおさら分かりません。出せるかどうかは御社で判断していただくことになりますので、その辺はしっかりご判断ください」

そう、翻訳した後になってから一方的に出版中止にされたら困るのである。* だから「私が推薦した企画」としてではなく、「Q出版の企画」として出したいかどうかをQ出版自身で検討してもらいたかったのだ。

「大丈夫、きっとできますよ。宮崎さん、A氏の原書と訳書持っているんで

＊ 翻訳が全部終わって翻訳原稿を提出したら、「思っていた内容とは違っていた」と言われて**出版中止**にされたことが過去にあった私は、石橋があったら叩き壊すくらい慎重になっていた。実際、このときは石橋を叩き壊すことになるので、そのときの様子が書かれた次の話を楽しみにお読みいただきたい。

しょ？　社長に見せて相談するのでお借りできませんか？　出せるかどうか社内で検討してみますので」

「では早速、今日にでもお送りします」

私は自宅に戻るとすぐさまA氏の原書3冊と訳書3冊を佐々木さんに送った。私はやる気まんまんになった。当時私とお付き合いが続いていた唯一の出版社がQ出版だったから、何がなんでも起死回生したかったのだ。さて、この時点での私の〝やる気指数〟を100として、それがいかにしてゼロまで落ちたかをお話ししよう。

第28話　すぐにできるはずの打ち合わせを何ヶ月延期するんだよ！

翌日、佐々木さんからメールが来た。「社長が面白そうねと言っていました」とは書かれてあったが、まだ出版決定というわけではない。翻訳は莫大なエネルギーを要するので、翻訳を始めるのなら正式に依頼されてからにすべきだ。そう思っていた私は「進展があったらご連絡ください」と返信しておいた。

しかし、その後佐々木さんからは一向に連絡が来ない。5月に本を送ったというのに8月になっても放置されたのだから、私の〝やる気指数〟は日に日に下がり100から80まで落ちた。

8月のある日、佐々木さんに暑中見舞い*を出すと、翌日メールが来た。

「すみません、例の本ですよね。来週あたりお打ち合わせをしたいと思います。月曜の午後2時はいかがでしょうか」

早速、月曜の午後2時に指定場所に行く旨メールで伝え、日曜の深夜1時頃に「今日午後2時からよろしくお願いいたします」というメールを送っておいた。

ところが月曜の朝にこんなメールが来た。

「さきほど大急ぎの仕事が入りましたので、今日打ち合わせ場所に行くことができません。明日なら行けるのですが……。今日のほうがよければ弊社までお越しいただいてもよろしいでしょうか」

＊ 催促するほうも「忙しくしておられるのに催促したらプレッシャーをかけてしまうかな？」と気を遣って催促しづらいのである。だから催促メールではなく暑中見舞いを出したのだ。延々と放置プレーをすることになりそうなら、事前に「遅くとも◯月くらいにはお返事します」などと目安になる期限を教えてくれれば、待つほうとしても待ちやすい。いつまで待ったらいいのか分からないまま延々と放置プレーをされる身にもなってみてよ！

（にゃに〜、今日のことなのにメールで一方的に伝えてくるのかよ。なぜ電話をしてこないんだよ。私がこのメールを朝見ずに直接指定場所に向かったら、あなたは打ち合わせをすっぽかすつもりだったのか？）

メールを見た瞬間、私の〝やる気指数〟は80から70に下がった。

私はすぐに返信し、その日の午後2時に編集部まで出向いたのだったが、大急ぎの仕事が入って忙しいはずの彼女は延々と世間話を始めたのだ。

（ん？ 大急ぎの仕事が入っていたから指定場所まで行けないんだったよね？ なぜそんなに延々と世間話をしたがるの？）

「あの〜、そろそろ本題に入りませんか。お忙しいんですよね？」

「ええ、まあ」

「で、どうですか、進んでますか？」

私がこう訊くと彼女は驚いたような顔をして言った。

「え？ 私、何かやるんでしたっけ？」

私は彼女が「企画として出せるかどうか社内で検討してみたいので本を貸してください」というから本を貸したのだ。だから「社内での検討が進んでいますか?」という意味で訊いたのだ。それなのに「え? 私、何かやるんでしたっけ?」とは何事だ。この言葉で私の〝やる気指数〟は70から60に下がった。

「私は『出せるかどうか検討したいから』とおっしゃったから本をお貸ししたわけです。検討にもう少し時間がかかるのであれば、それはそれでかまいませんが、いつまで待てばいいですか」

「1ヶ月くらいいただければ」

「1ヶ月でいいんですか?」

「はい、大丈夫です」

こうしてこの日の会合は終わった。

しかし、1ヶ月経っても何も連絡がこない。〝やる気指数〟は60から50に下がった。*

10月のある日、私は既刊訳書を佐々木さんに送付した。送付状には催促めいた言葉は書かなかったが、もちろん、打ち合わせを〝催促〟するつもりで送ったのだ。

* あまりに遅らされるとそれだけで待ちくたびれる。出版したくないなら「出版できない」と言ってくれたほうがスッキリするというものだ。宙ぶらりんなことをされ続けて待ちくたびれた私は変な動作をしながら歌ったりおかしな奇声を発したりしてストレスを発散するしかなかった。

すると驚くことに彼女から「打ち合わせは多忙のため年内は無理です」という内容のメールが届いた。*

（にゃに〜、1ヶ月あれば大丈夫だったんじゃなかったのかよ。もうこの本出したくないのかよ）

これで〝やる気指数〟は50から40まで落ちた。

長い放置プレーを経て年が明けた。彼女から来た年賀状には「例の本、がんばります」とは書いてあったが、いつまで経っても何の連絡もこなかった。私のほうから連絡しないかぎり、彼女のほうから連絡してくることはないのだ。

1月15日に新刊が出たので、それを彼女に送ると、その翌日に電話がかかってきた。

「例の本の打ち合わせですよね。じつは私のほうでも進めているんです。でも今週は忙しいので来週1月25日はいかがでしょうか」

（にゃに〜、1週間以上も待たせるのかよ。こんなに待たせておいて1時間程度の打ち合わせ時間がなぜすぐ作れないんだよ）

＊ **このメール**を貰ってショックを受けた私はストレス発散のため『またまた遅れて、ま〜た遅れ、またまた遅れて〜』という歌を作って狂ったように踊りながらそれを歌う毎日を送る羽目になった。

〝やる気指数〟は40から30まで下がったが、1月25日の朝10時に編集部で会うことを了承しておいた。

ところがその数日後、彼女からこんなメールが来たのだ。

「せっかく編集部までお越しになるのなら社長も会いたいと申しております。*ただ社長は午前中は都合がどうしてもつかないので、午後2時にお越しください」

(約束をまた一方的にひっくり返すのか。朝10時に会うという約束なのに、それを午後2時に勝手に変えて社長を同席させるって。私の予定などおかまいなしじゃないか)

これで〝やる気指数〟は30から20まで落ちた。

さて、1月25日になった。社長と担当編集者と私の3者会談である。私は疑心暗鬼になっていた。打ち合わせを半年以上延ばされたのだ。自然なことだろう。

会談の最中、佐々木さんは社長に向かってこう宣った。

「編集作業は宮崎さんがやります」

＊前回の打ち合わせのときは彼女と私の2人だけだったし、このときも2人だけで打ち合わせをする予定だった。なのに打ち合わせの直前になってから急遽、「**社長も会いたいと申しております**」と言われたので、てっきり出版中止にしたいという話があるから社長を同席させるのだろうなぁ……と不安が募った。

(え?「宮崎さん、編集作業お願いできますでしょうか?」ではなくて「宮崎さんがやります」なの? 依頼しているのか、私が自発的に編集作業をするのを促しているのか、どっちなんだよ?)

これで〝やる気指数〟は20から10まで落ち、反射的にこういう言葉が出てきた。

「私がやってもいいですけど、私がやって、出版、ひっくり返らないんですか?」

社長はしばし唖然としていたが、やがてこう宣った。

「じゃあ、この本出すの止めましょう」

これで〝やる気指数〟がゼロとなった。

もし彼女がすぐに打ち合わせをしてくれていたら、大喜びで取り組んでいただろう。しかし、打ち合わせをずるずる半年以上も延ばされ、そのあげく「宮崎さん、お願いできますでしょうか?」ではなく「宮崎さんがやります」では、疑心暗鬼になるというものだ。

出版翻訳家という稼業は、出版スケジュールだけでなく打ち合わせの予定まで二転三転されても受け入れられる人でないとやっていけないのかな〜？と感じさせられた出来事だった。

第29話 テレビ出演で知った〝どす黒い闇〟

2022年2月某日、某テレビ局からテレビ出演の依頼が来た。40分番組のメインゲストで出てくれないかという。ウッソー、私がテレビに？　でも本当だった。じつは正月明けあたりから、なぜだか知らないが自分がテレビに出る予感がしていたのだが、それがまさか現実のものになるとは。これぞクオンタムリープだ！＊ わっはっはっはっ、これでいいのだ。

まあテレビといっても地上波ではなくネットテレビではある。でもいきなり地上波デビューより、ネットテレビからデビューしたほうが私のためでもある。地上波に出演するとなったら、夜も眠れなくなる可能性すらある。下手したら放送事故を起こしかねない。ネットテレビを過小評価するつもりは

＊ 私の親友Nは私の著書の中に難しい言葉を発見するたびに「難しい言葉が書いてあって意味が分からなかった」と言うが、「**クオンタムリープ**」という言葉は知っていたか？　もし知らないのなら、スマホで調べてみるのも手ではないか。

ないが、*やはり地上波と比べれば、気が楽だ。私が言わなければ、私の知人友人の中で気づく人などいないのではないか。よし、黙っておこう。私の知人友人の中に翻訳業界のことに関心を持っている人などいないのだから、報告したとしても、テレビに出演したことを自慢しているだけだと思われるのがオチだ。

ところで、なぜテレビ出演の依頼が来たかといえば、拙著『出版翻訳家なんてなるんじゃなかった日記』を読んだディレクターが、出版翻訳業界の現状を伝えてほしいと思ったからだそうである。そうそう、そうこなくっちゃ。あの本は一見、チャラけた本と思われがちだが、本当は超とかクソがつくほど真面目な本だし、そういうミッションを背負った本なのだ。それを見抜いたディレクターは凄い！

というわけで私がメインゲストである。特番の仮タイトルも「出版翻訳家になるんじゃなかった　翻訳出版業界の問題点」となっている。よ〜し、そういう主旨の特番なら、今まで誰も勇気をふるって言い出さなかったことを、私が白日の下にさらしてやる。こっちは本人訴訟までやって精神がボロ

＊ 自分が出演させてもらったから言うわけではないが、**ネットテレビ**だと動画がネット上に残るので後から知人友人に見てもらうこともできる。実際、中学校の同級生に動画がネット上にあることを伝えたら、見て驚いたそうだ。こういうことができるのもネットテレビだからこそだ。わっはっはっはっ、これでいいのだ。

ボロになるまで真実を貫き、〝職業的な死〟に至っているのだ。だから怖いものなど何もない。失うものが何ひとつないからだ。

インタビューを兼ねた打ち合わせに拙宅まで来たディレクターによれば、私がメインゲストではあるが、偏った主義主張を報道したいわけではないので、公平性を担保するために出版社側の人間にも出演してもらい、忖度《そんたく》のないトークバトルを展開してほしいとのことだった。そうそう、それでいいのだ。私が望んでいるのは、私の主義主張を一方的に垂れ流すことではなく、トークバトルによって公平性を保つことだ。出版社よ、出て来い出て来い、かかって来いかかって来い！

ところが、番組放映の1週間前だというのに、出版社側の人間として出てくれる人がまだ見つかっておらず、探している最中だという。様々な出版社に総当たりしたが、すべて出演NGが出されたという。中には「宮崎さんと一緒に出演するのはいたたまれない」と言って出演を断った編集者がいたという。にゃに〜、せっかくのテレビ出演のチャンスなのに、そんな断り方があるかよ！　なぜ私と一緒だと出演が「いたたまれない」んだよ。

ところで私の著した『出版翻訳家なんてなるんじゃなかった日記』は、出版社を批判する内容が多い（というよりそれがメインだ）。なぜなら業界を改善しようという真摯な気持ちで書いたからである。だから出版社側の人間にとっては〝耳障り〟もいいところ、まったくもって迷惑千万な本なのだろう。そんな本を書く私とは、関わり合いになりたくない、というのが本音ではないか。

ははぁ〜んと思うふしがあった。出版業界には様々なトラブルの原因がある。仕事依頼時に出版契約書を交わさないというのも慣例になっているし、出版直前に印税率を削ることも少なからずある。あってはならないはずの出版中止も私は7度経験した。そんな私を目の前にして、「ウチはそんなこと一切していませんよ」と堂々と胸を張って言える出版社など、皆無に近いのではないか。だからせっかくのテレビ出演のチャンスだというのに、誰も出てこないのではないか。

真相はともかく、結局、テレビ放映直前まで出版社側の人間で出演してくれる人は見つからなかったらしい。しかしゲストが私ひとりだと、どうしても「翻訳家寄りの主義主張」になりかねないので、元出版社社員で現在は出版プロデューサーをしている人をひとり、見つけてきてくれた。

テレビ出演の数日前に渡された台本を読むと、驚愕することが書かれていた。「現在では事前に出版契約書が交わされるようになっている」——という弁護士のコメントだ。彼は録画で登場するらしい。

（事前に出版契約書が交わされるようになっているって、それって本当なのか。私が業界から干されていた間に、変わったのか。まさか忖度して都合のいいことを言っているのではないだろうな）

私にはその弁護士のコメントが信じられなかったが、まあ文句は言うまい。私は私の主義主張を番組でぶつけるのみだ。

ところが放映日当日、放送開始直前の打ち合わせのとき、くだんの出版プロデューサーがこう宣った。

「あの弁護士のコメント、ちょっと嘘っぽいですね。正直、私も仕事依頼時に出版契約書を交わしたことはないですから」

（やっぱりそうだったのか。あの弁護士、忖度していた可能性があるな）

詳しい事情は分からないが、結局、例の弁護士の録画はお蔵入りになった。

ということで、哀しいかな、著訳者がいくら「出版契約書を交わしてほしい」と言ったところで、出版社が自ら進んで事前に出版契約書を交わすことはまず無いというのが現状なのである。そこで読者の方々にぜひ覚えておいてほしいことがある。それは、たとえ出版契約書が交付されていなくても、メールで証拠を残しておけば裁判でも勝てるということ、そして「出版契約書が交わされていなかったから出版契約は成立していなかった」という屁理屈に屈する必要はない、ということである。

第30話　わっはっはっはっ、これでいいのだ

今まで責任逃ればかりする出版社の話ばかりしてきたが、1社だけ、誠実に対応してくれた出版社*があったので、そのこともお話ししておこう。

完成原稿を提出した後、しばらく経ってから担当編集者から携帯に電話が

＊ こんなに**誠実な出版社**があったのかと思えるほど誠実に対応してくださった。本書をお読みの出版社社員は、この出版社を見習ってほしいと思うくらいである。

入り、「出版中止になった」と告げられた。40代までの私なら（**にゃに〜、最後の最後でひっくり返すのかよ！**）とぶち切れていたと思うが、そのときの私は取り乱すことなどなく、「そうなんですか」と平坦な声で応えた。

冷静すぎる自分に、自分でも驚いた。

なぜそんなに冷静でいられたかといえば、出版間近での出版中止は7度目で、〝慣れっこ〟になっていたこともある。また、哲学や神学を学び、「この世の現象に一喜一憂せず、自分の信じた道を歩むしかない」、という悟り（みたいなもの）を開いていたからでもある。

翌々日、速達で「謝罪文」が送られてきたので読んでみると、謝罪のために拙宅まで来るという。あれっ、意外だ、過去に私が対決してきた出版社と比べれば、かなり誠実である。

面談当日、社長と総務部長が菓子折をもって拙宅まで来て、「賠償金を払うのでそれで理解してほしい」と言い出した。しかし、肝心の金額については言及がなく、社長も総務部長もそれ以降、ずっと口をつぐんだままだ。

二進《にっ》も三進《さっ》もいかなくなったので、逆に私のほうから、次の４つの解決案を提示した。
（1）約束どおり出版してほしい。ただし、出版してもらえるのなら、10％の印税率を少しなら下げてもらってもかまわない。
（2）それがダメなら、賠償金は要らないので、御社の責任で他に出版してくれる出版社を探してほしい。
（3）それもダメなら、私が他に出版してくれる出版社を探すので、交通費などの費用を「営業活動費」として出してほしい。
（4）それもダメなら、私の希望する額の賠償金を支払ってほしい。
そして、これら4つともダメだというのなら、調停でお話ししましょう、と伝えた。肝心の賠償金の額に関しては、通常想定される初版印税よりもかなり高めに設定しておいた。出版社都合による一方的な出版中止をやすやすと認めてしまうと、「この程度のお金で解決できるのか」ということを〃学習〃させることになるからだ。だから気の毒だとは思ったが、心を鬼にして、高めに設定しておいた。

それから2週間後、メールが届いた。内容は、「賠償金を支払う以外の選択肢は考えられないので、賠償金は希望額満額支払う」というものだった。

（ええ⁉　希望額を満額支払うって？　そんなにたくさん払うくらいなら、まだ出版したほうが金額的にマシなのでは……）

正直なところ、（1）か（2）のいずれかの返答だったらいいな、と思っていたのだ。

翌月には賠償金が支払われた。出版が中止にされたのは残念だったが、ものは考えようで、その賠償金を貰ったおかげで生活は潤った。しかもその原稿は、他社で出版されることにもなった。わっはっはっはっ、これでいいのだ。誠実に仕事をしていれば、世の中の出来事に一喜一憂しなくても、最後の最後には「わっはっはっはっ、これでいいのだ」という結末になるという、格好の例といえよう。

あとがき

――自省すれば、幸せが近づく――

本書を担当してくださった編集者は、拙書『出版翻訳家なんてなるんじゃなかった日記』を読んでくださっていた。読んでいるときは、おもしろおかしく他人事のように（少し震えながら）読んでくださっていたそうだが、いざ自分が類書である本書を担当する段になると、（**はたして、弊社は正しいことばかりやっているのか、私自身はそんなに清廉潔白なのか**……）という、自省の念が湧いてきたそうである。そして自ら「私も若い頃、不誠実な対応をしたことがあり、とても反省している」と告白されていた。それを聞いたとき、（**この方は素直に自省される方なのだな、この方に担当していただいて良かったな**）と思った。というのも、私が対決してきた出版社は〝自省とは無縁の人たち〟ばかりだったからだ。

思うに、自省しない人ほどタチの悪いものはない。都合が悪くなったら自分のことは棚上げして、相手ばかり責め始めるからだ。

聖書には「悔い改めよ、天国は近づいた」（マタイによる福音書3：2）と記されている。人間なら、誰もが過ちを犯す。大切なのは、過ちを犯したとき、素直に自省するか否か、その一点だけである。過去は変えることはできないのだから、過ちを犯した自分を過剰に責める必要はない。過ちを犯したことを素直に認め「悔い改め」ればそれでいい、というより、そうする以外にない。素直に「悔い改め」れば、幸せが近づく。聖書の言葉を借りれば、「天国が近づく」。

私が本書を書いたのは、私に対して酷い対応をした出版社を断罪するためでも、私怨を晴らすためでもない。私が地獄の底まで落ちたのは自ら招いた結果であり、ゆえに本書は出版業界のありのままを伝える書であると同時に、私の〝自省の書〟とも言える。

さて、ここであらためて、本書の帯で告知している「初回配本限定プレゼント」情報を読んでほしい。私が数々の出版トラブルを抱え、恨み辛みが募っていたとき、助けになってくれたのが聖書だった。とりわけ、私を助けてくれたいくつかの言葉をピックアップし、私なりの解釈をつづったのが、電子書籍『地獄で私を励ました聖書の言葉10』だ。こちらもぜひ、併せて読んでいただきたい。

宮崎伸治《みやざきしんじ》

青山学院大学国際政治経済学部卒、英シェフィールド大学大学院言語学研究科修了、金沢工業大学大学院工学研究科修了、慶應義塾大学文学部卒、英ロンドン大学哲学部卒および神学部サーティフィケート課程修了、日本大学法学部および商学部卒。著訳書は約60冊にのぼる。著書に『出版翻訳家なんてなるんじゃなかった日記』(三五館シンシャ)、『自分を変える! 大人の学び方大全』(世界文化社)、『時間錬金術』(ディスカヴァー・トゥエンティワン)が、訳書に『7つの習慣 最優先事項』(キングベアー出版)などがある。趣味は英・独・仏・西・伊・中・韓・露の小説を原書で読むこととピアノ演奏。

Staff
装丁・本文デザイン/マツヤマチヒロ(AKICHI)
イラスト/カヤヒロヤ
校正/玄冬書林
DTP/昭和ブライト

出版中止!
一度「死んだ」から書けた翻訳家残酷物語

2025年3月18日　初版第1刷発行

著者　宮崎伸治
発行者　石川和男
発行所　株式会社　小学館
〒101-8001　東京都千代田区一ツ橋2-3-1
電話(編集)03-3230-5125
　　(販売)03-5281-3555
印刷所　TOPPAN株式会社
製本所　株式会社若林製本工場

©Shinji Miyazaki 2025 Printed in Japan
ISBN　978-4-09-389188-2

＊造本には十分注意しておりますが、印刷、製本など製造上の不備がございましたら「制作局コールセンター」(フリーダイヤル0120-336-340)にご連絡ください。(電話受付は、土・日・祝休日を除く9:30〜17:30)
本書の無断での複写(コピー)、上演、放送等の二次利用、翻案等は、著作権法上の例外を除き禁じられています。本書の電子データ化などの無断複製は著作権法上の例外を除き禁じられています。代行業者等の第三者による本書の電子的複製も認められておりません。

＊制作/浦城朋子・遠山礼子　販売/津山晃子　宣伝/山崎俊一　編集/竹下亜紀